100세 시대
부동산
은퇴설계

100세 시대 부동산 은퇴설계

황태연 지음

자유문고

머리말

매주 금요일과 토요일, 서울 신사역에 소재한 필자의 사무실에는 꽤 많은 사람들이 모인다. 필자가 매주 부동산 세미나를 개최하기 때문으로, 늘 빽빽하게 모이는 사람들의 주된 관심사는 역시 부동산이다. 그리고 몇 년 동안 세미나를 찾은 사람들을 관찰해보니, 의외로 많은 사람들이 은퇴를 앞두고 부동산 관리 및 처분에 대해 큰 고민을 하고 있었다.

사람들은 자신이 갖고 있는 부동산을 보유해야 할지, 매도하면 타이밍이 언제가 돼야 하는지, 수익형 부동산으로 갈아타려면 어떤 유형의 부동산이 좋을지를 물었다. 대부분은 부동산을 중심에 두고 은퇴설계를 짜려고 했다.

이러한 부동산 은퇴설계에 대한 높은 관심에도 불구하고 시중서점에서 부동산 은퇴설계를 주제로 한 책은 찾아 볼 수 없었다. 재무설계라든가 건강을 주제로 한 은퇴설계 책은 많았지만 부동산을 매개로 한 은퇴설계 책은 없었다. 이것이 이 책을 쓰게 된 직접적인 계기가 됐다.

통계청 조사에 따르면 한국인은 자신의 재산 100% 중 80%를 부동산으로 갖고 있다. 재산의 대부분이 부동산이니만큼 부동산의 리모델링, 수익형 여부가 은퇴설계를 앞둔 사람들의 주관심사가 되는 것은 당연한 일이다.

부동산 은퇴설계에 정답은 없다. 도심을 떠나 전원생활을 한다는 것은 낭만적이기도 하고, 노후 건강에도 좋다. 그러나 모든 사람에게 전원생활이 맞는 것이 아니다. 여기서 우리가 짚어 볼 수 있는 시사점은, 개개인에게 맞는 맞춤형 부동산 은퇴설계가 필요하다는 점이다.

어떤 사람은 수익형 부동산을 장만해 고기소보다는 젖소를 키우듯 정기적인 수익을 담보한다면 짜임새 있는 은퇴설계가 될 수 있다. 또 다른 사람은 피땀을 들여 구입했던 자신의 집에 살면서 주택연금 제도를 활용해 편안한 노후생활을 할 수도 있다. 모두 자신에게 맞는 맞춤형 포트폴리오를 짜면 된다. 그래도 방향성은 중요하다. 부동산 은퇴설계 바구니에 담을 풍성한 먹거리를 위해 메뉴판을 제시한다.

첫째, 5층짜리 연금자산 집을 만들어야 한다. 현재 갖고 있는 부동산 자산을 정기적인 연금 형식으로 바꿔야 한다. 연금 5층집을 세워야 한다. 1층은 국민연금, 2층은 퇴직연금, 3층은 개인연금이다. 여기에 4층은 주택연금, 마지막 5층에는 월지급식 연금이 필요하다.

둘째, 부동산 자산의 리모델링이다. 유동성이 낮은 부동산 자산을 과감하게 수익형 부동산으로 바꾸고, 거주 역시 실용적인 관점에서 접근해야 한다. 이제 부동산은 소유의 개념이 아니라 사용의 개념이다. 또한 개발에서 관리로 부동산의 트렌드가 바뀌었다. 이런 부동산의 흐름을 감지하고 부동산 자산을 새롭게 바라봐야 한다.

셋째, 행복자산이 중요하다. 노후에는 건강, 가족, 여가, 취미, 친구, 종교, 교육 등 행복한 생활이 기반이 돼야 한다. 연금과 부동산이 아무리 많아도 행복자산이 제로면 그 사람은 불행하다. 특히 노후에는 거주가 개인에게 매우 중요한 영역이다.

지속가능한 부동산 은퇴설계도 중요하다. 은퇴 이후에 큰 변수가 나타나 상처를 받으면 제기하기 힘들어진다. 사업의 경우에도 꾸준한 수익창출이 필요하듯이 부동산 은퇴설계에도 지속적인 요소가 필요하다. 부동산 투자의 시대가 가고 관리의 중요성이 그 어느 때보다도 커지고 있다. 잘 관리하기 위해서는 끊임없이 내공을 쌓아야 한다.

부동산 은퇴설계도 공부하고 미리 준비하지 않으면 대세를 읽고 나아가지 못한다. 은퇴를 앞둔 50대를 고3에 비유하고 싶다. 고3때 진로를 잘 선택하고 열심히 공부해서 원하는 대학을 가면 그 이후 인생이 달라지듯이, 은퇴를 앞둔 사람들은 지금 선택을 잘하고 대세를 읽기 위해 노력해야 한다. 제2의 고3인 것이다. 입시를 대비하듯 은퇴설계를 잘해야 노후의 인생 업그레이드가 가능하다.

부동산 투자 공부는 끊임없이 깊게 파고들어야 한다. 인문학과 실용학문이라는 쌍두마차를 끌어야 한다고 본다. 한 마리의 말에는 인문학을 싣고 달려야 한다. 인문학은 궁극적으로 사람을 이해하는 학문이다. 사람을 알면 인생을 알고 비즈니스를 이해하고 부동산 투자에도 도움이 된다. 또 한 마리의 말에는 부동산 관련 실용학문을 태워야 한다. 경제, 경영 등의 실용학문을 깊이 공부하면 실무 투자에서 요긴하게 쓰인다. 인문학과 실용학문을 공부하면서 기초를 닦아야 한다.

건강한 육체도 중요하다. 평소 음식이나 운동을 통해 건강한 신체를 단련해야 한다. 사람은 한 가지 운동과는 평생을 함께하면 좋다. 수영이든, 조깅이든, 배드민턴이든, 등산이든 자신에게 맞는 운동을 선택해 사랑하면 좋다. 물론 하나가 아닌 복수로 사랑해도 괜찮다. 노년에는 노화에 따른 각종 질환이 뒤따른다. 40대부터 정기 검진을 필수로 하며 자기 몸은 스스로 관리해야 한다. 눈과 귀, 팔다리 모두 노화에 따른 이상이 생기는 것은 당연하기에 건강검진과 관리는 필수다.

은퇴설계 시 부동산에 대한 이해가 무엇보다 중요하다. 부동산은 현재도 중요하지만 미래의 가치가 더 중요한 영역이다. 누구든지 부동산을 사려는 사람은 향후 매매차익이나 가치를 기대하기 때문이다. 이 미래를 보는 안목이 통찰력이다. 정치, 문화, 사회에 대한 깊이있는 지혜가 필요하다. 이제 준비됐는가? 인문학과 실용학문의 말을 타고 부동산 은퇴설계라는 벌판을 달려보자.

이 책은 개인별 맞춤형과 지속가능한 부동산 은퇴설계라는 관점에서 접근하였다. 첫 번째 파트에서는 행복한 은퇴설계라는 주제를 제시했다. 맞춤형 포트폴리오, 변화하는 부동산 패러다임, 앞으로의 부동산 대책, 외국의 부동산 은퇴설계 등 은퇴자들이 알아야 할 굵직한 부동산 기본 마인드 확립을 목표로 하였다.

두 번째 파트에서는 수익형 부동산 은퇴설계의 다양한 정보를 수록하였다. 상가, 소형 빌라, 경매, NPL, 소형 아파트, 부동산 펀드, 지식정보센터 등 최근 가장 핫한 수익형 부동산의 모든 것을 다뤘다.

세 번째 파트에서는 거주형 부동산 은퇴설계를 테마로 한다. 주택연금, 상가주택, 재개발 지분투자, 입주권 투자, 농가주택, 펜션사업, 게스트하우스, 임대주택 등 거주하며 수익을 낼 수 있는 부동산 은퇴설계 요령을 서술했다.

네 번째 파트에서는 서울시 2030계획안, 임대사업자 방법, 투기지구·투기과열지구·조정대상지역에 따른 대응 전략, GTX 등 최근 이슈가 되는 사안을 집중적으로 조명했다.

앞서 언급했듯이 부동산 은퇴설계 영역은 아직 정립되지 않은 분야이다. 이 책이 은퇴자들뿐만 아니라 부동산 투자에 관심이 있는 많은 사람들에게 좋은 길잡이가 됐으면 한다. 앞으로 필자는 책뿐만 아니라 강의나 다양한 프로그램을 통해 은퇴자들을 만나려고 한다. 은퇴자들에게 통찰력 있는 부동산 투자의 마인드와 정보를 줄 수 있다면 그것으로 만족한다.

신사 사무실에서

황태연

PART 1

행복한 부동산
은퇴설계

행복한 은퇴설계를 위해 필요한 맞춤형 포트폴리오,
변화하는 부동산 패러다임, 앞으로의 부동산 대책,
외국의 부동산 은퇴설계 등 은퇴자들이 알아야 할
굵직한 부동산 기본 마인드에 대해 알아보자.

SECTION 1

개인에게 맞는
맞춤형 포트폴리오가 중요

서울에 살다가 은퇴 이후 경기도 양평에 아내와 함께 내려간 Y씨 (63). 그는 30여 년 동안 해오던 출판 사업을 자식에게 물려주고 전원에서 노후를 즐기고 있다. 그런데 전원생활이 만족스런 Y씨와 다르게 그의 아내는 불만이 많다. 농사라든가, 시골생활에 별다른 매력을 못 느끼는 아내는 주변에 이른바 수다를 함께 떨어 줄 친구 도 없고, 무료한 일상에 별로 재미가 없다. 그러다보니 금슬 좋았 던 Y씨와 그의 아내는 최근 은근히 냉랭한 분위기마저 감지되고 있다.

도심을 떠나 전원생활을 한다는 것은 낭만적이기도 하고, 노후 건강에도 당연히 좋다. 그러나 모든 사람이 전원생활을 좋아하는 것은 아니다. 여기서 우리가 짚어 볼 수 있는 키포인트는 개인에게 맞는 맞춤형 부동산 은퇴설계가 필요하다는 점이다.

고객들에게 은퇴 상담을 해주면서 '부동산 은퇴설계'를 굳이 힘

주어 말하는 이유는 한국의 은퇴를 앞둔 세대의 가계 자산에서 부동산이 차지하는 비중이 80%가 넘기 때문이다. 부동산을 빼고 은퇴설계를 말할 수는 없다. 물론 부동산 은퇴설계라고 해서 부동산만을 강조하는 것은 아니다. 부동산 은퇴설계의 포트폴리오에는 담아야 할 다른 것들도 있기 때문이다.

은퇴 후 5층짜리 연금으로 만든 집에 살자

먼저 5층짜리 연금자산으로 만든 집을 만들어야 한다. 현재 갖고 있는 부동산 자산을 정기적인 연금 형식으로 바꿔야 한다. 우리나라에서는 은퇴를 앞둔 세대의 자산 중 부동산이 차지하는 비중이 높다. 물론 부동산 자산 역시 든든한 밑천이 될 수 있지만 당장 현금화하기 어려운 부동산의 경우 질병이나 요양 등으로 급전이 필요한 경우에 낭패를 보기 쉽다. 따라서 부동산 자산의 일부는 금융자산으로 바꿔야 할 필요성이 있다.

기존의 부동산 자산을 정리해 연금으로 만든 5층집 만들기를 제안한다. 1층은 국민연금, 2층은 퇴직연금, 3층은 개인연금, 4층은 주택연금, 마지막 5층에는 월지급식 연금이 필요하다고 본다.

가장 밑바닥 1층에는 국민연금이 자리잡고 있다. 1988년부터 시작된 국민연금은 향후 기초적인 노후 생활비가 될 수 있지만 1층집 가지고는 태부족이다. 2층의 퇴직연금, 3층의 개인연금을 준비해야 탄탄한 연금의 집을 만들 수 있다. 4층인 주택연금도 매우 활성화되어 있다. 거주를 기반으로 9억 원 이하의 주택을 연금으로 활용할 수 있는 주택연금으로 보다 안락한 노후 생활을 영위할 수 있다. 최근에는 월지급식 연금도 나와서 노후에 안정적인 연금보장의 틀을 만들어 냈다.

부동산 자산을 리모델링하라

다음으로 부동산 자산의 리모델링이다. 유동성이 낮은 부동산 자산을 과감하게 수익형 부동산으로 바꾸고, 거주 역시 실용적인 관점에서 접근해야 한다. 이제 부동산은 소유의 개념이 아니라 사용의 개념이다. 또한 개발에서 관리로 부동산의 트렌드가 바뀌었다. 이런 부동산의 흐름을 감지하고 부동산 자산을 새롭게 바라봐야 한다.

2008년 글로벌 금융위기를 기점으로 부동산 시장은 저성장 구도에 빠져들었다. 부동산 투자가 활발했던 개발의 시대에서 알짜배기 수익형 부동산을 확보하고 잘 관리해야 하는 시대가 된 것이다. 따라서 부동산 자산은 핵심 부동산을 남기고 나머지는 정리할 필요가 있다. 본인이 소유해 노후 생활을 유지해야 하는 수익성 중심의 부동산과 증여 등 대물림을 고려한 부동산으로 재차 구분해야 한다. 적어도 5%대 이상의 수익성은 확보해야 하며 현금 유동성까지 있다면 더욱 양호하다. 주택이 삶의 공간으로 인식되면서 주택의 구매 요인이 투자이익이 많은 집이 아니라 살기 좋은 집, 편리한 집으로 빠르게 변하고 있다. 부동산은 이제 소유가 아니라 사용의 개념이다.

행복자산이 중요

행복자산이 중요하다. 노후에는 건강, 가족, 여가, 취미, 친구, 종교, 교육 등 행복한 생활이 기반이 돼야 한다. 연금과 부동산이 아무리 많아도 행복자산이 제로면 그 사람은 불행하다. 행복을 언급한 사람 중에 교황 요한 바오르 2세가 있다. 그는 죽음에 이르는 질병의 고통을 겪으면서도 '행복하다'고 했다. 또 인류를 향해 '행복하라'고 기도했다. 세계 인류가 너나 할 것 없이 최종적으로 추구하는 것이 행복이기에 요한 바오르 2세가 그토록 강조한 것은 아닐까?

노후의 행복이 돈만 지닌다고 얻어지는 것은 아니다. 건강이나 가족도 돈에 못지않게 중요한 영역이다. 50대 후반에 은퇴를 앞둔 두 개의 그룹이 있었다. 한 그룹은 공방을 하겠다, 산에 나무를 심겠다, 세계일주를 하겠다고 했다. 또 다른 그룹은 그냥 그대로 살았다. 5년 정도 세월이 지나 두 그룹의 차이는 컸다. 공방을 한 사람들은 목공 일을 하다 보니 몸이 좋아졌고, 세계일주에 나선 사람들은 수많은 서포터즈가 생겨 인맥 네트워크가 넓어졌다. 반면 그대로 살았던 그룹은 대부분 무료한 시간을 보내고 있었다. 두 그룹이 느끼는 행복감의 차이는 하늘과 땅이다. 행복은 행복지수가 높아야 한다.

노후 생활을 준비하기 위해서는 건강, 가족, 여가 생활 등도 대비해야 한다. 연금·부동산·행복자산을 소유하고 있는 정도는 개인마다 다르다. 앞서 Y씨 아내의 경우 전원생활이 그녀에게 행복을 가져다주지 못했다. 돈과 행복에 대한 기준이 개인마다 다른 만큼 개인에게 맞는 맞춤형 포토폴리오가 절실하다. 결국 Y씨 부부는 양평 전원주택은 주말에만 활용하고 아내의 연고가 있는 잠실 쪽에 주택을 마련했다.

거주 주택의
다이어트와 리모델링 필요

중랑구 망우동에 사는 W씨(66) 부부. 은행에서 퇴직한 그는 원래 망우동의 토박이로 집 근처에 친구가 많다. W씨의 일상은 대부분 동네 사람들과 한 잔 걸치는 것으로 술이 유일한 낙이다. 그의 아내 역시 근처인 경기 구리시가 고향이라 오랫동안 망우동에서 살아와 친구들과 수다를 떠는 것이 즐거움이다. 태평스런 그들 부부에게 변화가 생긴 것은 함께 사는 공무원인 외동아들의 세종시 발령. 며느리와 함께 손녀를 돌봐주던 W씨 부부는 이번 기회에 세종시로 아들 내외와 함께 내려가 새로운 터전을 잡을지, 아니면 자식과 분가할지를 고민하고 있다.

은퇴 이후 노후 생활의 주거지를 선택하는 일은 매우 중요하다. 은퇴자라면 먼저 지금 살고 있는 집에서 계속 살 것인지를 결정해야 한다. 공기 좋은 곳으로 귀농을 선택할 수도 있고, 해외로 은퇴 이민을 가는 사람도 있다. 자녀와 분가하는 것도 일반적인 모습이기도 하나, 경기 불황 여파로 오히려 자녀와 부모가 세대를 합치는 사례도 빈번하다.

노후의 주거지는 '내 집처럼 편안한 환경에서 노후 보내기'라는 관점이 중요하다고 본다. 실제로 유엔에서는 노인을 위한 권고 원칙에서 '가능한 한 오랫동안 노인들이 자신의 집에서 살아갈 수 있도록 돕기 위해 노인의 능력에 적합한 시설을 리모델링하기 위한 법령을 제정해야 한다'고 발표한 바도 있다.

정부의 정책도 이러한 분위기를 반영한다. 2014년 이후 주택연금은 매년 급격한 증가세를 보인다. 자신이 거주하는 집을 담보로 매달 연금 형태로 지급받는 주택연금의 실시로 자연스레 본인의 집에서 노후를 보내는 노인층이 늘어나고 있다.

도심은 편리성, 농촌은 쾌적성이 장점

은퇴 후 주거지를 선택할 때 도심은 교통 및 자녀와의 접근성을 비롯해 주거 편의성이 장점이라 볼 수 있다. 반면 좀 더 공기 좋고 한적한 삶을 원하는 사람은 고향에 낙향해 전원생활을 즐기면서 농가주택을 선택할 수 있다.

'도심이 좋은가, 농촌이 좋은가'라는 문제는 비교의 대상이 아니다. 삶의 여유와 건강을 우선시 한다면 농촌을 선택하고, 여가와 문화생활, 의료서비스를 원한다면 수도권 도심지를 택하면 된다. 각자 처한 환경이나 가치관의 차이에 따라 선택의 기준이 달라진다.

일본에서는 고령자들이 교통, 의료, 쇼핑이 편리한 도심으로 이주하는 현상이 심화되고 있다. 쾌적한 환경보다 편의시설을 더 선호하는 경향을 나타낸다. 또 미국에서는 기후와 경치가 좋아 여가를 즐기기에 적합한 버지니아, 플로리다 등지에 2만여 개의 실버타운이 집중되어 있다. 쾌적한 환경에서 노후를 보내려는 미국인들의 정서가 반영된 현상이다. 이처럼 나라별로도 노후 주거지 문화의 다양성이 나타난다.

이제 노후 주거지의 선호도가 '도시냐, 농촌이냐'라는 이분법의 시각으로 접근할 필요는 없다. 노후 생활에는 공간적인 쾌적함이나 편리성도 중요하고 사회적 관계가 포함되는 주거 커뮤니티 환경도 필요하다고 볼 수 있다.

주택을 다이어트해 금융자산 확보해야

한국의 50대 이상 부부는 편리한 노후 생활을 위해서 거주하는 주택이 가장 큰 변수다. 현실적으로 전체 자산의 80% 이상이 부동산에 쏠려 있는 자산의 특성상 거주 주택의 활용은 필수적이라 볼 수 있다.

주거 주택을 활용한다면 먼저 주택연금을 고려할 수 있다. 현행 9억 원 이하의 주택에 대해서 주택연금을 들 수 있고, 매달 연금을 받는다면 다소 큰 주택이더라도 시세에 따라 안정적인 재무를 확보할 수 있다.

직접적인 방법은 작은 주택으로 이주하는 것이다. 주택 규모를 작게 줄여서 그 차액을 금융자산으로 갈아 탈 수 있다. 주택 유형과 지역에 따라서도 부동산의 자산 규모는 크게 달라진다. 같은 서울이라도 강남과 강북이 차이가 나고, 아파트와 연립주택과의 부동산 시세도 다르다. 이 외에도 주거 주택을 처분해 쪼개서 소형 아파트를 비롯한 수익형 부동산을 장만한다면 재무적인 부분에서 노후에 안정된 생활을 영위할 수 있다.

주거지, 은퇴자를 위한 리모델링 필요

여유 있는 노후자금과 자신이 마음에 드는 집에 거주한다면 은퇴 이후 주거지의 문제에서 기본적인 토대는 마련한 것이다. 하지만 개인적으로나 사회적인 관점에서 주거지를 뒷받침해야 할 요소가 있다.

먼저 주거지를 은퇴자에게 맞게 리모델링해야 한다. 보통의 주거지는 건강한 성인을 기준으로 만든 것이기에 노령자에게 어울리는 리모델링이 필요하다. 문턱을 제거하고, 욕실 등에 미끄럼 방지 처리를 하는 것이 그 예이다. 또한 아파트의 복도나 계단에 안전장치를 설치하는 등 아파트 리모델링도 노후 생활에 도움이 된다.

정부나 지방자치단체에서도 고령자를 고려한 도시설계가 필요하다. 한국은 이제 본격적인 노령화 사회로 접어들고 있다. 고령자나 어린이, 장애인들이 모두 이용할 수 있는 도시 전체적인 배려가 중요하다. 가령 고령자가 대중교통에 쉽게 접근할 수 있도록 정류장이나 버스의 설계를 노인층에 맞추는 것 등을 들 수 있다.

지자체에서는 고령자를 체계적으로 관리하고 지원하는 시스템

구축 개발을 할 수 있다. 지역에 사는 노령인구의 데이터를 관리해 주기적으로 건강상태를 체크하는 서비스도 필요하다. 또한 고령자의 주거지에 비상벨 등을 설치해 위급한 상황에 신속하게 의료서비스를 지원하는 것도 필요하다.

시니어 코하우징 문화도 대안

코하우징(co-housing)이란 이웃과 함께 사는 주거 형태를 말하는데, 1970년 덴마크에서 처음 공동주택을 만든 이후 미국, 일본, 유럽에서 활발하게 운영되고 있다. 건강한 시니어들이 은퇴 이후 노후 주거의 대안으로 공동 활동에 참여하고 자치적으로 생활하는 공동 노인주택 문화라 할 수 있다.

덴마크와 스웨덴의 시니어 코하우징 주민들을 대상으로 한 설문조사에 따르면 70대를 전후로 한 대다수 주민들은 노후 생활에서 가장 큰 비중을 차지하는 것은 사회적 관계라고 지적한다. 노후에는 사회적인 커뮤니티가 더 필요하다는 얘기다.

국내에서도 성미산 마을, 푸른마을, 안양 아카데미타운 등의 공동체 문화를 지향하는 일종의 커뮤니티 마을이 있다. 이 마을들은 주민들이 함께 공동 육아와 문화를 만들어가는 새로운 마을 공동체로서 주목받고 있다. 하지만 시니어를 위한 특화된 공동체 마을이라고 볼 수는 없다. 외국의 시니어를 위한 코하우징 문화를 살펴볼 때 머지않아 우리나라에도 이 문화가 정착할 가능성이 많다.

앞서 주거지를 고민하는 W씨의 사례를 든 바 있다. 시간이 지난 후 W씨는 결국 자녀와 분가하기로 결정했다. 또한 이번에 주택 연금에 가입해 보다 안정적인 노후 생활의 주거지를 선택했다. 오래된 주변의 친구들이 많고, 편안한 내 집이 그들만의 행복한 주거지라 판단한 것이다. 노후에 자신이 살아온 내 집만큼 편안한 곳은 없다.

부동산의 변화하는
패러다임을 읽어라

늦게 이혼을 한 A씨(54)는 자녀들을 외국에 보내고 요즘 쓸쓸한 생활을 하고 있다. 그런데 그녀의 마음을 더 고달프게 만드는 것은 경기도 용인에 장만했던 반 토막 난 대형 아파트. 심지어 A씨는 본인이 소유한 금융자산 역시 튼튼하지 못하다. 원금 손실형 연금과 별로 수익이 나지 않는 펀드를 갖고 있는 것. 기존에 갖고 있는 부동산과 금융자산으로 생활을 해야 할 A씨로서는 답답하기 그지없다.

은퇴를 앞두고 자신의 자산, 특히 부동산이 계륵으로 변해 마음고생이 심한 사람들이 많다. 통계청 조사에 따르면 한국인은 자신의 재산 중 80%를 부동산으로 갖고 있다. 앞으로 고령화 사회에서 부동산 시장의 주요 흐름을 잘 읽어내지 못하면 자산관리가 흔들릴 수밖에 없는 이유가 여기에 있다.

초고령화 사회 진입

부동산과 밀접한 변수가 인구와 소득이다. 먼저 한국 사회의 인구를 보면 본격적인 고령화가 진척되면서 전체 인구는 줄어드는 반면, 노인 인구와 1인 가구 수는 크게 증가하는 현상이 벌어지고 있다.

2017년 말 우리나라 인구는 5,177만 명을 조금 넘어섰다. 2005년 4,728만 명보다 449만 명이 늘어났지만, 현재 우리나라 출산율을 감안하면 2018년을 정점으로 인구가 줄어들 것으로 예측된다. 반면 노인 인구는 증가할 것으로 전망돼 초고령화 시대 진입을 목전에 두고 있다.

1955년부터 1963년에 출생한 사람들을 베이비부머라 부른다. 이들이 부동산 시장에 끼친 영향은 컸다. 그들이 부모 곁을 떠나 사회에 본격적으로 진출하던 1980년대 주택 수요는 급증했다. 이에 대응해 정부는 수도권 신도시와 200만 가구 건설이라는 주택정책을 내놓을 수밖에 없었다. 2000년대 들어서 베이비부머의 자녀가 성장하면서 소형에서 중대형 주택으로 바꾸는 수요층이 나타났다. 이는 저금리 기조와 맞물리면서 중대형 아파트 가격을 크게 올려놓았다. 2000년 초반까지만 해도 부동산은 부를 낳는 원천이었다. 집값이 연평균 13% 이상 상승해 투자 매력이 컸다.

그러나 2008년 글로벌 금융위기를 기점으로 부동산 시장은 저성장 구도가 안착화됐고 경제성장 역시 둔화됐다. 이러한 시점에서 베이비부머가 정년퇴직을 하고 있다. 이들의 주택 선호도에 따라 부동산 시장은 앞으로 크게 요동칠 것이다.

부동산 키워드, 개발에서 관리로 바뀌어

부동산 시장의 객관적인 지표와 환경은 이제 부동산의 키워드를 개발의 개념에서 관리의 개념으로 바꾸고 있다. 또한 과거에는 부동산이 소유하는 것이었다면 이제는 사용하는 것으로 변화되고 있다. 과거에 부동산 투자가 활발했을 때는 부채를 동원해서라도 아파트를 사서 부동산 가격 상승을 노렸다. 하지만 이제 경제와 인구가 저성장, 고령화되는 사회에서는 수익형 부동산을 활용해 현금흐름이 유지되도록 관리하는 개념이 두드러질 수밖에 없다.

고령화가 더 진행될수록 현금흐름을 만들어내지 못하는 부동산은 인기가 떨어질 확률이 높다. 은퇴 시기가 다가오는데 가진 재산이 집 한 채가 전부라면 주택연금과 같은 방법을 통해 현금흐름을 만들어 낼 수 있도록 자산을 재조정하는 과정이 필요하다.

전세의 전성시대는 끝났다

우리나라의 독특한 임대차제도는 전세이다. 그런데 주택시장 침체가 장기화되면서 전세난 역시 계속되고 있다. 더욱이 낮은 금리는 임대인이 월세로 전환하는 환경을 만들어 주고 있다. 주택 임대시장의 경우 패러다임이 전세에서 월세로 빠르게 변화하고 있다.

전세는 1970년대 말 아파트 공급이 본격화되면서 목돈이 없던 투자자가 내 집 마련에 자금 부담을 덜 수 있어서 시작됐다. 세입자 입장에서도 주택 구입능력이 부족한 상황에서 저렴한 주거비용으로 원하는 곳에서 살 수 있어서 요긴한 제도였다. 집주인과 세입자가 서로 윈윈하는 제도였다.

그런데 만성적인 주택부족이 개선되고, 저금리 기조, 주택가격 하락 등으로 전세 제도의 존립 기반이 흔들리고 있다. 과거 집값 상승기에 집주인은 전세금을 통해 집값 상승이라는 레버리지 효과를 얻을 수 있었지만 지금은 그 기대감도 크게 반감됐다. 저금리 기조 속에 집주인은 월세를 선호할 수밖에 없는 여건인 것이다. 향후 30년 안에 한국에만 있는 독특한 부동산 패턴이었던 전세 제도는 사라질 것으로 보인다.

최근 부동산이 대형에서 중소형으로 변화하고 있듯이 부동산 패러다임의 변화는 곳곳에서 감지된다. 주택공급의 증가에서 축소로 변화되는 것이다. 임대주택은 더 증가할 것이고, 가계부채 역시 더 늘어날 것으로 전망된다.

앞서 고민을 토로했던 A씨는 필자의 추천으로 역세권의 수익형 빌라를 구입했다. 또한 영양가 없는 금융자산은 과감하게 정리할 것을 조언했다. 부동산의 흐름을 이해하기 시작한 A씨에게 부동산 은퇴 포토폴리오는 당면한 숙제다.

*부동산 투자 원칙

기본 전략은 ① 독점적일 것, ② 사적 시장 가치보다 쌀 것, ③ 지피지기일 것, ④ 현금흐름이 일어날 것 등이다. 타이밍, 종목, 입지가 3박자를 잘 이루고 있을 때 투자해야 한다. 희소가치(독점가치), 내재가치(저평가), 미래가치(성장성)가 중요하며 레버리지, 인플레이션은 복리효과(72법칙)가 강하게 생긴다.

▪ 각종 개발 이슈가 있는 곳에 투자한다
재건축, 재개발, 신도시, 도로신설, 택지개발, 지하철노선 신설 등의 호재를 파악해야 한다.

▪ 흐름을 잘 파악하고 투자하라
금리, 수요, 규제, 공급, 주식, 채권, 외국인의 동향 등을 알아야 한다. 또한 정치·경제·사회·문화 등 복합적인 큰 흐름(부동산)을 관통하는 주요 요인의 변화도 파악해야 한다.

▪ 모든 투자는 진입 전에 출구 전략이 있어야 한다
매수 시에 기대수익률 달성이 어느 시점일지 파악하여 매도 시점을 미리 정하는데, 이것이 복리 전략이기도 하다.

▪ 투자와 거래의 차이를 알아야 한다
부동산 투자는 크게 2가지 방향으로 나눈다. 싸게 사서 비싸게 파는 것은 거래다. 이를 매매차익이라고 한다. 시세보다 20% 이상 싸게 구입해 가장 짧은 시간 내에 팔아 실투자 기간을 최대한 줄인다. 또한 가지는 현금흐름을 겨냥해 부동산을 사는 투자다. 이른바 수익(월세)이다. 내일이 아닌 오늘 의미가 있어야 한다. 시장이 안 좋아도 수익(월세)이 발생해야 한다.

- '수익성'보다는 '환금성'과 '안정성'에 무게를 더 두라

  실거주와 투자를 병행하는 것이 좋다. 높은 수익은 리스크도 높다. 안
  정성을 고려한다.

- 위치(50%)와 타이밍(40%), 종목(10%)을 보고 선택하라

- 시장이 나쁠 때는 팔지 않으며, 시장이 좋으면 더 세심하게 대상을
  찾아야 한다

  불황일 때는 팔지 않는다. 활황일 때는 작은 것들을 팔고 현금흐름이
  일어나는 큰 걸로 갈아탄다.

- 경기가 하향 조짐을 보일 경우 빠르게 레버리지를 줄여라

  각종 지표를 분석해 레버리지를 줄인다.

- 정부의 규제발생 시 빠르게 시장을 빠져 나와라

  정부가 규제를 발표할 때에는 다른 종목을 찾는다.

- 장기적으로 투자한다

  시간=인플레이션=복리 효과이고 불황 시엔 팔지 않는다.
  부동산 사업의 삼각형은 따로 있다. 새로 만들어 보자.(구입하기, 관리
  하기, 팔기)

	수익내기	
	관리하기	
무엇을(기준-종목, 크기, 위치)	구입하기	어떻게(조건-계약, 타이밍, 운영)
	생각하기	

네트워크(도움자)

SECTION 4

부동산 대책으로 본
미래 부동산 전망

문재인 정부의 부동산 대책은 부양보다는 주거복지와 도시재생에
방점이 찍혀져 있다. 실제로 문재인 정부가 들어선 이후 각종 부동
산 시장 규제 정책이 쏟아졌다. 이러한 대책은 서민중심 정책으로
부동산 가격 상승을 견제하고 가계 부채 역시 증가하는 것을 억제
하는 방향이다. 하지만 부동산의 지역별 양극화 등으로 정부의 대
책이 실효성있게 진행될 수 있을지는 불투명하다고 볼 수 있다.

강남으로 상징되는 부동산 양극화 심화

2018년 부동산 시장은 양극화 경향을 보이고 있다. 서울의 강남권
이나 도심 요지에는 뭉칫돈이 몰리지만, 지방 등의 아파트 신규 물
량은 공급 과잉으로 인한 미분양의 경향도 나타나고 있다.

　한국주택공사 주택금융연구원이 발표한 '주택시장 2017년 4분

기 분석 및 2018년 전망'에 따르면 정부의 종합적인 규제 정책에도 불구하고 서울의 주택가격은 상승세를 나타냈다. 반면 지방 주택 가격은 둔화된 것으로 나타나 양극화 현상이 두드러졌다.

특히 양극화의 상징에는 강남이 있다. 유하 감독의 영화 「강남 1970」을 보자. 1970년대 강남 개발과 함께 그려진 이 영화에서 강 남은 무허가촌의 작은 판잣집이 즐비하지만, 도시개발과 함께 황 금알을 낳는 곳으로 그려졌다. 당시 정부 차원에서 이뤄진 인위적 인 강남개발은 40여 년이 지난 현재 초고층의 빌딩 숲으로 뒤덮여 우리나라에서 '부의 상징'으로 자리매김했다. 강남은 한국 부동산 경기의 잣대가 됐다.

당시 강남에 지어졌던 최신식 아파트는 페인트가 벗겨지고, 녹 물이 줄줄 흘러나오면서 세월과 함께 흉물이 돼 버렸다. 하지만 건 물의 외형만 노후화됐을 뿐 '강남의 가치'는 더욱 치솟고 있다. 이 러한 강남에 재건축·재개발이 활발하게 진행되면서 아파트 가격 은 정부의 각종 대책에도 내리지를 않는다. 강남이라는 견고한 성 은 무너질 기세가 아니다. 이러한 부동산 시장의 양극화는 이제 우 리가 받아들여야 할 현실이다.

철도건설에 따른 역세권 주목

앞으로 부동산 시장은 역세권을 주목해야 한다. 역세권이란 지하 철역 또는 전철역을 반경으로 접근성이 좋은 지역으로 역 주변 지 역을 모두 포괄한다. 지하철역 또는 전철역에서 걸어서 5~10분 이

내, 또는 거리로 500미터 반경 범위 내를 1차 역세권, 1km까지를 2차 역세권이라 한다. 즉 역의 영향력이 강하게 미치는 주변 지역을 역세권이라고 하는 것이다. 이 지역은 상권이 좋아 그만큼 최고 투자처로 꼽힌다.

도시계획은 〈2020 수도권 광역도시계획〉 및 〈제1차 국가철도망 구축계획〉에 따라 차례로 단계를 밟아 진행 중이다. 전국을 가르는 도시철도가 이미 진행 중이며, 더욱 거미줄처럼 연결된 철도가 전국 곳곳을 연결해 주는 계획이다.

실제로 철도건설 기본계획이 한창 진행 중이던 2004년 한 지역의 땅값이 평당 10~20만 원이었다면 어느 역세권이든 상업용지 평당 가격은 500만 원을 넘는다. 역세권 가발에 따른 땅의 미래 가치는 매우 크다.

정부의 도시 정책은 도시 외곽으로 확정해 나가기보다는 도심 고밀도 개발과 도시 재생 등을 통해 압축 도시를 만드는 방향이다. KTX를 중심으로 한 광역 도시권을 육성해 지역 발전과 도시권간 글로벌 경쟁력을 높인다는 것이 핵심 정책이다. 이러한 도시개발은 역세권 개발법에 따라 추진된다. 이는 제4차 국토종합계획 수정 계획으로 명문화 되어 있다. 이를 주목해야 한다.

2035년 S씨(36)의 하루

2035년 12월 20일 S씨는 집안의 컴퓨터로 조정되는 자동 알람으로 아침 8시에 기상했다. 창문 넘어 보이는 서울 도심의 광경은 쾌적한 모습이었다. S씨의 집은 서울 종로구 부암동으로 과거 30여 년 전 인기가 있었던 MBC 드라마 〈커피프린스 1호점〉 촬영지였던 '산모퉁이' 카페 옆 7층짜리 빌라다. 그는 혼자 살지만 아침 걱정은 없다. 사물 인터넷을 통해 자동으로 아침 식사가 나온다. 잠시 아침 메뉴를 고민한 S씨는 어젯밤 먹은 술을 해장하기 위해 빵이 아닌 밥 버튼을 눌러 식사를 해결했다.

그는 종로구 인사동의 사무실로 출근해서 스케줄을 보니 거래처 사람과의 미팅이 있다. 일산과 삼성동에서 30분의 간격을 두고 미팅을 갖지만 별로 걱정하지 않는다. 수도권광역 급행철도인 GTX를 타면 일산에서 삼성동까지 25분이면 주파하기 때문이다.

그는 저녁에는 오랜만에 여자 친구와 한강에서 만나기로 했다. 20여 년 전 한강개발 이후 한강은 서울에서 가장 로맨틱한 장소 중 하나가 돼 S씨의 프로포즈를 더욱 빛나게 만들어 줄 것이다. 여자친구와의 데이트로 인해 늦어질 것으로 예상된 S씨는 스마트폰으로 집의 난방을 점검했다. 갑작스레 집으로 여자친구를 데리고 갈 수도 있다는 예상을 했기 때문이다.

집의 모든 구조가 사물 인터넷으로 연결되어 있기에 S씨의 세심한 배려가 가능하다.

외국의 부동산 은퇴설계에서 지혜를 얻자

미국 은퇴자들 사이에선 로미오(ROMEO) 열풍이 불고 있다. 줄리엣의 비극적 연인 로미오 이야기가 아니다. 로미오는 '은퇴자들의 식사모임'(Retired Old Men Eating Out)의 약칭이다. 미국 전역에는 수백 개의 로미오가 존재하며 4명, 5명으로 구성된 소규모 모임에서 많게는 80명에 이를 정도로 규모도 다양하고 모임의 성격도 다양하다. 구성원들의 공통 관심사나 유대관계를 바탕으로 자발적으로 결성되기도 하고 종교단체, 지역사회단체 또는 노인복지기관과 연계해서 열리기도 한다. 남자들은 모임에서 수다를 떨며 스트레스도 해소하고 네트워크를 끈끈하게 만든다. 미국의 한 대학교수는 인간관계가 더 넓은 사람이 장수한다는 통계도 발표한 바 있다.

미국의 은퇴한 남자들의 수다 모임 '로미오 이야기'이다. 미국 은퇴자들의 문화이지만 우리나라 은퇴자에게 시사하는 바가 크다. 미국이나 일본, 유럽 은퇴자의 부동산 은퇴설계를 들여다보는 것은 의미있는 일이다. 다른 나라 사례에서 지혜를 얻을 수 있기 때문이다.

일본 은퇴자, 도쿄 등 도심 선호

얼마 전 한 TV 시사 프로그램에서 일본의 부동산에 관한 리포트를 본 적이 있다. 인상적이었던 장면은 한때 일본에서 꿈의 뉴타운이라 불렸던 대표적인 도시, 타마 신도시였다. 1970년대 일본의 고도 성장기에 녹지가 풍부한 지역에 세워진 타마시는 당시 입주한 인구가 노령화되면서 빈집이 점점 늘어가 한 건물당 30여 개의 우편함 중 8~9개가 비어 있는 모습이었다.

실제로 일본은 2006년 65세 이상 노령인구가 전체 인구의 20%를 넘으면서 초고령화 사회가 되었다. 이런 인구분포의 변화는 부동산에 큰 영향을 주었다. 일본 전체 주택의 13% 정도는 빈집이라는 통계가 나오고, 부동산 가격은 20년 이상 대세 하락기를 나타내고 있다.

한국 역시 고령화 사회로 급속하게 진입하는 상황에서 일본의 고령화와 부동산의 상관관계는 시사하는 바가 크다.

최근 일본에서 정년을 맞이하는 세대는 이른바 단카이 세대(1947~50년에 태어난 일본 베이비부머이며, 3년간 약 650만 명이 태어났다)이다. 2000년대 중반부터 정년퇴직을 시작한 단카이 세대는 은퇴 후, 살 곳으로 교외가 아닌, 도쿄와 같은 도심을 선택한다. 도심의 문화와 활기를 느끼면서 노후를 보내겠다는 것이 그들의 특징이다.

단카이 세대가 도심을 선호하는 이유는 생활편의시설이 갖춰진 다양한 도심의 기능을 이용하기 위해서다. 세탁, 택배 등 다양한 생활지원 서비스와 각종 문화시설, 건강 유지를 위한 피트니스 센터 등 도심의 장점을 최대한 이용하겠다는 속내이다.

일본은 노년인구가 전체 금융자산의 60% 이상을 차지할 정도로 노인이 현금 등 유동자산을 많이 보유하고 있다. 전체 자산도 금융과 부동산의 자산비율이 6대4 정도로 금융이 높다. 2대8 정도로 금융보다 부동산 자산이 더 많은 한국과 비교해 일본 노년 세대는 보다 안정적인 자산관리가 이뤄지고 있다.

일본의 저성장, 저금리, 초고령화 사회라는 키워드가 우리에게도 낯설지 않다. 한국은 이미 경제성장도 더디고, 저금리와 노인 인구 증가가 급속도로 이뤄지고 있다. 일본 신도시의 빈집 증가 현상과 단카이 세대의 도심 선호 현상에서 우리나라의 미래 변화를 가늠해 보는 지혜가 필요하다.

미국의 대표적 시니어 주거문화 CCRC

미국은 가계 자산에서 부동산을 중심으로 한 비금융 자산이 전체 자산에서 35.1% 정도를 차지한다. 부동산 자산은 낮지만 미국 베이비부머의 주택 보유율은 비교적 높은 편이다. 미국 은퇴자들은 높은 주택율 덕분에 역모기지론을 활용하고 있다.

미국의 역모기지론은 1989년 정부부처인 주택 및 도시개발부산하기관인 연방주택청을 통한 보증을 실시한 이후 크게 활성화되고 있다. 보증의 내용은, 금융기관에 대해서는 역모기지론 취급에 따른 손실을 보전하고, 차입자에게는 금융기관 파산 시 약정된 월 대출금을 대신 지급하는 것이다. 이처럼 미국은 은퇴를 앞둔 국민이 부동산 자산을 활용해 안정적인 노후 소득을 창출할 수 있도록 정부가 배려하는 역모기지론이 활발하다.

또한 실버타운이 활발하다. 실버타운 CCRC(Continuing Care Retirement Community)는 기후와 경치가 좋아 휴양과 여가를 즐기기 적합한 버지니아, 플로리다 등 남동부 지역과 서부 캘리포니아에 집중돼 있다. 2만여 개의 실버타운과 1,000세대 이상의 은퇴마을이 3,000여 곳에 달한다. 노인전문병원도 7,000여 개 있다. 실버타운은 80% 이상이 민간 기업이 운영하기에 커뮤니티마다 차별화가 이뤄지고 있다.

이러한 실버타운은 노인들의 특성에 맞춰 건강한 50~70대가 편안한 노후 생활을 위해 거주하는 Active Adult Community와 독립생활 공간인 Independent Living, 혼자 생활을 못하는 노인을 위한 도움생활공간인 Assist Living, 치매나 중풍 등 노인성 질환을 앓고 있는 노년층의 치료와 재활에 초점을 맞춘 Licensed Living 등의 구조로 나누어진다.

CCRC는 미국의 시니어 주거문화를 보여주는 대표적인 커뮤니티이다. 건강할 때 들어가서 다양한 여가와 취미생활을 커뮤니티를 이용해서 할 수 있고, 시니어의 건강을 잘 아는 의료 지원을 죽을 때까지 받다 품위 있는 죽음을 맞이할 수 있다.

유럽의 임대정책 활성화

영국의 한 중부지방에 거주하던 N씨(48)는 30년 전 25년에 걸쳐 원금과 이자를 상환한다는 조건으로 대출을 받아서 민간 임대주택을 샀다. 2014년 현재 영국의 집값은 맨체스터 4.6배, 뉴캐슬 5.2배, 브리스톨 6.2배로 18년 전보다 2배 정도 오른 것으로 나타났다. 영국인 아내와 결혼한 N씨는 중간에 한국에 와서 살 때는 영국의 집을 월세로 놓았다. 뛰는 집값에도 불구하고 민간임대주택 제도로 N씨는 가계부담을 조금 덜 수 있었다. 한국과 영국에서 모두 생활해 본 N씨는 영국의 임대주택 제도가 장점이 많음을 새삼 느낀다.

영국 임대주택의 경우 입주자의 대상 계층과 선정관리 등이 지자체의 권한과 재량에 맡겨진다. 또한 사회적 약자를 배려하는 제도가 오래 전부터 지속돼 왔다. 이 외에도 영국에는 공정 임대료(Fair Rent)라는 제도가 있다. 런던 등 대도시를 포함한 모든 임대주택에 대해 지방정부가 기존 임대료와 물가상승율을 고려해 공정 임대료를 산정하면 중앙정부가 이를 교차 검증한 뒤 전국에 공정 임대료를 공시하는 방법으로 이뤄진다.

이러한 제도는 부동산 임대료가 과도하게 상승하면 서민생활이 불안해지고, 결국 경제 전반에 악순환이 초래되기 때문이다.

프랑스는 공공 임대주택의 경우 중앙정부가 단지 여건 및 소유주체별 건설원가를 고려해 임대료 상한선을 고시한다. 스웨덴 역시 사업주체와 임차인 간 매년 협상을 통해 임대료를 결정하는 민주적인 방식을 따르고 있다. 네덜란드의 경우 공공임대주택은 해당 주택의 편의 및 입지 등 효용가치와 가구소득 수준에 따라 임대료가 결정된다.

전체적으로 유럽 국가의 전체 주택에서 공공임대주택이 차지하는 비율은 높은 편이다. 네덜란드의 경우 공공 임대주택 비율이 32%, 오스트리아는 23%, 덴마크가 19% 등이다. 2013년 한국의 경우 그 비율이 5%인 것을 볼 때 유럽국가의 공공임대주택이 얼마나 활성화되었는가를 알 수 있다.

SECTION 6

부동산 은퇴를
준비하기 위한 공부

솔개의 우화를 들어본 적이 있는가. 솔개는 약 70살까지 살 수 있는데 장수하려면 약 40살이 되었을 때 매우 고통스럽고 중요한 결심을 해야만 한단다. 솔개는 40살 정도가 되면 발톱이 노화되고, 날개가 무겁게 돼 하늘로 날아오르기도 힘들게 된다는 것. 이즈음 솔개는 그대로 죽을 날을 기다리는 무리와 매우 고통스런 갱생 과정을 거치는 또 다른 무리로 나눠진다.

갱생의 길을 선택한 솔개는 산 정상 부근으로 올라가 그곳에 둥지를 짓고 고통스런 수행을 시작한다. 먼저 부리로 바위를 쪼아 부리가 깨지고 빠지게 만든다. 그러면 서서히 새로운 부리가 돋아난다. 이번에는 돋은 부리로 발톱을 뽑아내고, 새로운 발톱이 생기면 다시 깃털을 뽑아낸다. 결국 새 깃털이 돋아난 솔개는 완전하게 새로운 모습으로 변신하고 남은 30년의 수명을 더 누린다.

동물생태학계에서는 비록 근거가 없다고 말하지만 우화로서 볼 때 이 솔개의 이야기는 시사하는 바가 크다. 50대, 은퇴를 앞둔 세대는 100세 시대를 맞아 남은 동안의 세월을 솔개의 각오로 임하지 않으면 도태될 수밖에 없다.

부동산 은퇴설계도 공부하고 미리 준비하지 않으면 대세를 읽고 나아가지 못한다. 은퇴를 앞둔 50대를 고3에 비유하고 싶다. 고3때 진로를 잘 선택하고 열심히 공부해서 원하는 대학을 가면 그 이후 인생이 달라지듯이, 은퇴를 앞둔 사람들은 지금 선택을 잘하기 위해 고민하고 노력해야 한다. 제2의 고3인 것이다. 입시를 대비하듯 지금 은퇴 이후를 잘 설계해야 노후의 인생 업그레이드가 가능하다.

인문학과 실용학문의 쌍두마차를 끌어보자

100세 시대에는 새로운 공부를 끊임없이 해야 한다. 요즘 대학의 전공 공부 역시 매우 빠르게 변화하고 있다. 정보기술을 전공한 대학 4학년생은 사회 변화가 매우 심해 자신의 전공 공부를 새롭게 해야 한다. 정보기술의 내용이 하루마다 다르게 변화하기 때문이다.

부동산 투자 공부도 끊임없이 깊게 파고들어야 한다. 인문학과 실용학문이라는 쌍두마차를 끌어야 한다고 본다. 한 마리의 말에는 인문학을 싣고 달려야 한다. 인문학은 궁극적으로 사람을 이해하는 학문이다. 사람을 알면 인생을 알고 비즈니스를 이해할 수 있고 부동산 투자에도 도움이 된다. 또 한 마리의 말에는 부동산 관련 실용학문을 태워야 한다. 경제, 경영 등의 실용학문을 깊이 공부하면 실무 투자에서 요긴하게 쓰인다. 인문학과 실용학문을 공부하면서 기초를 닦아야 한다.

행복을 위한 마음의 성숙이 중요

앞서 부동산 은퇴설계 포트폴리오를 언급한 바 있다. 이때 한 축이 행복자산이다. 행복을 위해서는 마음이 평화롭고 성숙해야 한다. 사람에게 선의를 베풀면 내 마음이 더 행복해진다. 부동산 투자 사업을 하는 Q라는 동료가 있다. Q는 나중에 자신의 장례식에 100개의 화환이 들어오는 것을 삶의 주안점으로 둔다는 이야기를 하면서 평소에 베푸는 삶을 살고 싶다고 강조했다. 매우 공감이 간다. 부동산 투자의 영역은 재무적인 것이지만 간혹 피도 눈물도 없는 경우가 생기기도 한다.

'당신이 부동산 경매로 다가구를 낙찰받았다. 임차인의 입장에서는 작은 보증금을 넣고 생활하다가 하루아침에 나가야 할 상황에 놓인다. 낙찰받은 당신은 명도를 해야 할 상황이다. 당신은 어떻게 결정할 것인가?'

비단 부동산 투자 영역뿐만 아니라 인생에서는 돈만 가지고 해결할 수 없는 영역이 많다. 이러한 부분도 깊게 성찰할 수 있다면 여러분은 더 큰 부가가치를 얻을 수 있을 것이다.

육체 업그레이드 필요

과거에 '인생은 60부터다'라는 문구는 어느 정도 구호성을 띠었다. 노년에 좀 더 파이팅을 해보자는 취지에서 나온 말일 게다. 그런데 100세 시대에 60살은 아직도 40년이나 남은, 인생의 반을 조금 넘은 시기일 뿐이다. 진짜 인생은 60부터인 시대가 바로 지금이다.

건강한 육체는 그래서 중요하다. 평소 음식이나 운동을 통해 건강한 신체를 단련해야 한다. 사람은 한 가지 운동과는 평생 함께하면 좋다. 수영이든, 조깅이든, 배드민턴이든, 등산이든 자신에게 맞는 운동을 선택해 사랑하며 살면 좋다. 물론 하나가 아닌 복수로 사랑해도 괜찮다. 노년에는 노화에 따른 각종 질환이 뒤따른다. 40대부터 정기검진을 필수로 하며 자기 몸은 스스로 관리해야 한다. 눈과 귀, 팔다리 모두 노화에 따른 이상이 생기는 것은 당연하기에 건강검진과 관리는 필수다.

은퇴설계 시 부동산에 대한 이해가 무엇보다 중요하다. 부동산은 현재도 중요하지만 미래의 가치가 더 중요한 영역이다. 누구든지 부동산을 사려는 사람은 향후 매매차익이나 가치를 기대하기 때문이다. 이 미래를 보는 안목을 통찰력이라 한다. 정치, 문화, 사회에 대한 깊이 있는 지혜도 필요하다. 보편적이라는 단어가 있다. 부동산은 보편적인 가치와 반대편에 있는 예술적인 가치가 중요하다고 본다. 예술적인 경지에 올라야 부동산에도 눈을 뜰 수 있다.

PART 2
수익형 부동산 은퇴설계

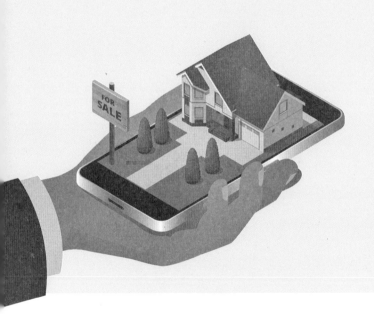

수익형 부동산 은퇴설계의 다양한 정보를 소개한다.
상가, 소형 빌라, 경매, NPL, 소형 아파트, 부동산 펀드,
지식정보센터 등 최근 가장 핫한 수익형 부동산의
모든 것을 다뤘다.

SECTION 1

수익형 부동산의 초보자에게
적합한 오피스텔 임대

33살의 젊은 여성 C씨. 외국계 기업에 다니는 C씨는 서울 서초구에 오피스텔 한 채를 매입했다. 그녀는 서울 마포구에서 여전히 가족들과 거주하며 직장을 다닌다. 하지만 C씨는 주말만 되면 매우 분주하다. 자신의 소유인 서초구 오피스텔에서 거의 매주 파티를 연다. 주말마다 친구나 직장동료, 각종 동호회 사람들과 이벤트 파티를 갖는 것이 C씨의 취미. 그 누구보다도 오피스텔을 얻고 만족도가 높다. 그녀는 당분간 이벤트 용도로 오피스텔을 활용할 계획이지만 싫증이 나면 임차인에게 임대를 줄 생각도 있다. 근처 부동산 중개인에게 귀뜸해보니 보증금 1천만 원에 월 사용료 70만 원은 거뜬하다는 얘기이다. C씨에게 오피스텔은 큰 행복을 가져다준다.

위 사례에서 보듯 도심 오피스텔은 행복한 노후생활에서 빼놓을 수 없는 부동산 투자 방법이다. C씨의 오피스텔은 주말만 사용하는 특별화된 개인 용도였지만 수익형 부동산 관점에서 보면 쏠쏠한 효자상품이 될 수 있다.

특히 수익형 부동산 투자를 막 시작하는 부동산 초보자에게 오피스텔은 적합하다. 오피스텔은 초기 투자 규모가 그리 크지 않은 편이라 부담이 적다. 또한 오피스텔 세입자는 전문직 종사자나 고수익자가 많아서 월세를 밀리는 경우가 타 수익형 부동산보다 드물다. 가격과 관리 면에서 오피스텔은 수익형 부동산으로 적합하다고 볼 수 있다.

오피스텔은 시장 여건과 정부의 부동산 정책에 따라 수급과 가격이 민감하게 변화해 왔다. 1980년대 후반에 신종 부동산 투자 상품으로 인기가 높았지만 1990년대에는 신도시의 주택 공급 확대와 부동산 시장 불황으로 침체기도 겪었다. 2010년 이후에는 규제가 완화되면서 공급이 늘고 활성화되고 있다.

오피스텔은 오랜 기간, 현재에도 여전히 한국인들에게 인기 높은 수익형 부동산 투자 부분이다. 이와 같은 오피스텔에 대해서 좀 더 알아보도록 하자.

가격이 싼 오피스텔을 구하라

오피스텔은 값이 잘 오르지 않는 경향을 보인다. 따라서 오피스텔로 부동산 은퇴설계를 대비하려는 사람은 물건 매입을 싸게 해야한다. 오피스텔은 미분양 땡처리나 법원 경매, 교환 시장을 이용하면 시세의 절반 가격으로 매입할 수 있다.

법원 경매로 오피스텔을 사면 시세보다 좀 싸게 살 수 있다. 오피스텔은 아파트나 주택에 비해 비교적 인기가 낮아 입찰 참가자들의 경쟁률이 낮다. 조급하게 서두르지 않는다면 주변 시세보다 30~50% 싸게 매입할 수 있다. 오피스텔 경매의 경우 권리관계가 그리 복잡한 편은 아니다.

컴퓨터 프로그래머인 B씨(46)는 2018년 수원지법 성남지원 경매법정에서 경기 성남시 분당구 서현동 소재 P 오피스텔 62㎡(19평)를 시세보다 20% 싼 1억 2천100만 원에 낙찰받은 것이다. B씨는 감정가가 1억 6천만 원인 이 오피스텔을 한 번 유찰로 최저 경매가가 1억 2천만 원까지 떨어진 상태에서 2명과의 입찰 경쟁을 뚫고 감정가의 80%인 1억 2천100만 원에 낙찰받았다. 달랑 100만 원 더 써내 경쟁자를 물리쳤다. 세입자는 임차보증금 전액을 배당받자 이사비도 요구하지 않고 오피스텔을 비워줬다. 시세보다 4천만 원이나 싸게 오피스텔을 구입한 B씨는 자신의 사무실로 활용하기로 했다. 세를 놓아도 보증금 2천만 원에 월세 80만 원의 시세가 형성돼 있어, 요즘 그의 하루는 매우 행복하다.

미분양 땡 처리 오피스텔 매물도 눈여겨봐야 한다. 보통 시행사가 급히 자금을 회전하기 위해서 싸게 내놓는 경우가 있다. 이런 매물은 서울 지역에서는 분양가보다 10~20%, 수도권에서는 20~40% 가량 싸다. 다만 땡 처리와 교환 매물의 경우 알짜 오피스텔이 많지 않은 것은 단점이다. 그래서 본인의 안목이 중요하다.

임대 수요가 많지 않은 외곽 지역도 나 홀로 오피스텔 매물이 적지 않다. 값이 싸다고 이런 매물을 섣불리 매수하면 수익은커녕 애물단지가 될 수도 있다. 조금 비싸더라도 역세권이나 대학가 주변이 유리할 것이다.

세금을 알고 오피스텔을 매입하자

오피스텔을 분양받거나 매입할 경우 세금을 잘 파악해야 한다. 오피스텔은 업무용과 주거용으로 임대할 수 있는데, 주거용 오피스텔의 경우 1가구 2주택에 해당된다. 이런 조건이라면 취득세부터 종합부동산세까지 다양한 세금이 부과된다. 이때 세금을 막는 방법은 오피스텔을 업무용으로 등록하는 것이다. 상업지구에 있는 오피스텔은 업무용으로 임대하면 1가구 2주택에 해당되지 않는다. 주거용 오피스텔의 경우에는 주택임대사업자로 등록하면 세금을 내지 않거나 내더라도 할인을 받을 수 있다.

기본적으로 오피스텔은 건축법상 업무시설에 해당된다. 그런데 최근 주거용으로도 사용할 수 있도록 설계되면서 양도세 규정이 제법 복잡해졌다. 오피스텔을 분양받으면 상가처럼 부가세를 부담해야 한다. 그런데 분양받은 사람이 일반 과세자로 등록하고 부가세 환급 신고를 하면 납부한 부가세를 돌려받을 수 있다. 반면 임대사업자등록을 하지 않거나 간이과세자로 사업자등록을 할 경우 환급받지 못한다.

오피스텔을 사무실용으로 임대하면 세금계산서를 발부하고 6개월 단위로 부가세를, 1년 단위로 종합소득세를 신고해야 한다. 그런데 임대 오피스텔이 거주용으로 사용되면 부가세가 면세된다.

주택임대사업자로 등록하면 주거용 오피스텔은 큰 수혜를 볼 수 있다. 소득세, 법인세 혜택을 주기로 했기 때문인데, 이는 자금 조달 면에서 큰 장점이다.

오피스텔, 이것만은 챙기자

타 부동산 상품도 그렇지만 오피스텔 역시 입지가 매우 중요하다. 도심 및 역세권과 업무지구 주변, 대학가 등 배후 수요가 탄탄한 곳은 안정적인 월세 수입과 함께 공실의 위험이 없다.

이를 위해 반드시 현장에 나가 월세 수준을 확인하고 투자 수익률을 분석해 보는 것이 좋다. 수익률을 따질 때에도 초기 매입자금뿐만 아니라 관리비용, 세금부담, 감가상각 등 추가적으로 소요될 제반 비용도 꼼꼼하게 짚어봐야 한다. 주변 오피스텔과 비교해 관리비가 비싸지 않은 곳이 향후 임대관리 시에도 유리할 수 있다.

오피스텔은 일반적으로 전용률이 50%가 약간 넘는 수준인데, 최근 공급되는 몇몇 오피스텔의 경우 전용률이 40% 안팎인 경우도 있다. 전용률이 55% 이상이면 괜찮다고 볼 수 있다.

무엇보다도 최근 오피스텔이 대량 공급된 지역은 피해야 한다. 일시적인 공급 증가로 인해 임차인 확보가 힘들어질 수 있고, 임대료 또한 단기간 떨어질 가능성이 크기 때문이다.

전국의 오피스텔 공급은 2013년부터 크게 늘어 2016년까지 4년 동안 총 11만 8천여 실이 공급되는데, 이 중 수도권에서 7만 4천 600여 실이 공급돼 비중이 높다. 공급이 많으면 월세에 영향을 미친다는 점을 꼭 기억해야 한다.

오피스텔 투자법

▪ **입지, 면적이 분양가에 대비해 적정한 것을 찾아라**

위치는 1차 역세권에서 도보 5분 거리, 독립 세대의 경우 전용 6~8평을 가장 선호한다.

▪ **시장의 임대수요가 인위적이지 않은 것을 찾아라**

대학교, 대기업, 중소기업 등이 골고루 산재되어 있는 곳은 자연발생적인 곳이다.

▪ **만족할 만한 수익률과 매매 시 차익 실현이 가능한 매물을 찾아라**

가격이 저렴할수록 수익률이 높아지고, 매매차익이 가능하다.

▪ **회전율이 짧은 곳을 골라라**

세입자가 나가고 재임대기간의 소요시간이 적은 곳을 공략해야 한다.

오피스텔의 실패를 딛고 성공한 직장인 D씨

부산에 사는 D씨(52). 그는 부동산 투자에 문외한이었기에 비교적 쉬운 오피스텔 투자를 시작했다. 2003년 부산 소재의 한 오피스텔을 매입한 것이다. 당시 주거용 오피스텔이 아파트 규제를 피해 선풍적인 인기를 끌 때였다. 하지만 당시 시장 상황이 급변했다.

주택이 아니라서 청약통장을 쓸 필요가 없었지만 '주거용'의 경우 주택으로 간주돼 세금을 물게 됐다. 또 부가가치세 환급을 고정적으로 받고 있지만, 이 부분이 이미 분양가에 포함돼 있었다는 사실도 뒤늦게 알게 됐다. 설상가상 오피스텔에 대한 정부 규제까지 본격화되면서 프리미엄이 급락하기 시작했다. 그는 결국 분양가보다 500만 원 낮게 이 오피스텔을 팔 수밖에 없었다. 금융비용과 기회비용까지 감안할 경우, D씨는 약 그천만 원의 손해를 보았다.

그는 절치부심하며 오피스텔 투자에 대해 만회할 기회를 엿보았다. 앞서 D씨가 오피스텔 관련 투자에 실패한 큰 요인은 오피스텔은 임대수익형 상품이라는 것을 간과한 것이다.

그는 경기권으로 이사를 가면서 경기 부천에 새롭게 오피스텔 투자를 시작했다. 이 지역을 선택한 이유는 오피스텔이 저렴해서인데 매매가 6천만 원에 구입했다. 앞서 오류를 되풀이하지 않으려고 지하철 역세권에 가까운 물건을 택한 것이 주효했다. D씨가 구입한 오피스텔은 보증금 500만 원에 월세 40만 원을 받고 있다. 이를 연수익으로 보면 480만 원이다. 이런저런 비용을 제외하더라도 8.7%의 수익률을 올리고 있다.

자신감이 붙은 D씨는 부천 근처의 또 다른 오피스텔도 한 채 구입했다. 매매가격 6천만 원 중 50%인 3천만 원은 연이자 4%의 대출을 활용했다. 대출 이자가 연 120만 원의 비용이 발생되지만 360만 원의 월세 수익이 생겨 처음에 구입한 오피스텔과 쌍벽을 이루며 그를 든든하게 한다. D씨는 앞으로도 몇 채의 오피스텔 투자를 지속할 예정이다. 가장 간편하게 임대수익을 보장하기 때문이다. 처음의 큰 실패가 되려 성공의 지름길이 된 것 같아 그는 흐뭇하다.

수익형 부동산의 꽃인
상가를 노려라

중견 기업의 임원인 C씨(54)는 정년을 앞두고, 은퇴 이후 설계에 대해서 불안감을 가졌다. 그러던 중 경기도 용인시에 위치한 근린 상가 1층을 분양받았다. 그가 분양받은 26평형(실평수 15.6평)의 최초 분양가는 평당 1천650만 원으로 총 4억 2천900만 원이 들었다. 그의 실자산은 1억 7천900만 원이 투입됐고, 1억 9천만 원은 이자율 6%로 융자를 받고, 나머지는 임차인으로부터 받은 보증금으로 충당했다. C씨는 현재 한 프랜차이즈 매장에서 보증금 6천만 원에 월세 260만 원을 받고 있다. 이에 따라 융자금 이자를 제외하고 월 165만 원의 수익을 올리고 있다. 연수익율은 10%를 웃돌고 있다.

은퇴설계를 앞둔 사람들에게 '수익형 부동산'은 매우 중요한 부분이다. 이 영역에서 빼놓을 수 없는 것이 상가다. 상가 투자만한 은퇴 이후의 대책은 없다고 본다. 그런데 '수익형 부동산'의 꽃이라

할 수 있는 상가는 그리 만만한 부동산 투자 분야가 아니다. 초기 투자 비용도 많고 위험 부담도 크다.

지난해 위례 신도시에 주상복합 아파트 내 상가를 분양받은 Y씨(51). 그는 요즘 들어서 새벽에 일어나 한숨을 쉬곤 한다. 아파트가 입주한 지 1년 6개월이 지났지만 아직 상가 세입자를 구하지 못했기 때문이다. Y씨는 기대한 임대수익은 고사하고 대출 이자와 상가 관리비까지 물어내고 있어서 마음고생이 심하다.

Y씨의 사례에서 보듯 상가는 쉬운 부동산 은퇴설계 영역이 아니다. 상가 투자를 통해 은퇴를 준비하려는 사람들은 신중한 접근이 중요하다. 상가 투자에 대해서 상세하게 알아보자.

상가는 기존상가와 분양상가로 나뉜다

상가는 먼저 기존상가와 분양상가로 구분한다. 기존상가의 경우 권리금이 따라온다. A라는 하나의 상가에서 1년 수익이 모든 비용을 제하고 2천만 원이 나온다고 가정해 보자. 그렇다면 A상가의 권리금은 약 2천만 원이 된다고 볼 수 있다. 권리금이 형성되지 않는 상가라면 그 상가의 가치는 떨어진다고 보면 된다. 권리금도 세분화하면 크게 3가지로 구분된다.

만일 위치가 좋아 하루 종일 지나다니는 사람이 많고 독점적으로 장사할 수 있는 곳에는 바닥 권리금을 줘야 한다. 또 장사가 잘되어 매월 일정한 수입이 들어오는 업종을 그대로 인수받아 장사하려는 사람은 영업 권리금을 제시해야 한다. 이 외에도 현재 하고 있는 업종과 동일한 장사를 하는 경우 세입자가 사용하던 시설을 그대로 인수받아 사용하는 경우가 있는데, 이를 시설 권리금이라 한다. 권리금은 임차인과 새로 들어올 임차인과의 관계에서 발생된다.

신도시에 새로운 아파트가 들어서면 그 주위로 학원, 약국, 병원, 편의점 등 기본적인 실생활과 밀접한 상가가 들어서기 마련이다. 최근 LH 단지 내 상가의 경우 안정적인 수익률과 가격, 공기업 공급 등의 장점을 갖고 있어 주목받기도 한다. 분양상가는 권리금이 없지만 그만큼 아직 검증되지 않은 상가라는 사실을 명심해야 한다.

상권은 숲, 상가는 나무이다

상가는 상권이란 숲을 살펴봐야 하고, 개개 상가라는 나무의 영역을 들여다볼 필요가 있다. 그만큼 상권(商圈)이 중요하다. 상권은 '상업상의 세력이 미치는 범위'를 말한다. '상권이 잘 형성되어 있다'고 하면 사람이 많이 몰리는 지역이어서 상가가 많이 들어와 있고 장사도 잘되는 것을 뜻한다. 서울 7대 상권은 명동, 홍대, 강남역, 대학로, 신림, 건대입구, 신촌/이대 등으로 주말은 물론 주중에도 사람들로 부쩍인다.

상권은 변화무쌍하다. 상권이란 숲은 늘 변수가 생기게 마련이다. 얼마 전 서울 신촌에는 차 없는 거리가 생겼다. 이 일은 신촌 지역 내 개별 상가에 큰 영향을 미친다. 30억 나가는 상가가 20억으로 떨어질 수도 있고, 반대로 10억 나가던 건물이 훨씬 높은 부동산 가격을 형성할 수도 있다. KTX가 신설되면서 상권에도 많은 변화가 생겼다. 지방 활성화에도 도움이 됐지만 역으로 부산에 사는 젊은 여성이 서울 강남에 와서 치과치료를 받고 다시 부산에 내려가는 풍경도 생겨나고 있다. 상권은 교통, 학교 등 다양한 변수를 품고 있다. 그래서 상가투자가 어렵다는 애기다.

숲에 있는 나무도 중요하다. 개개의 상가가 튼실해야 임대수익이 확실히 보장된다. 저금리의 영향으로 상가가 과잉공급 논란이 될 정도로 많기에 옥석을 가려야 한다. 투자의 최우선 순위는 평지의 1층 상가라고 본다. 상가 시장에서는 1층과 나머지 층과의 임대료 차이가 갈수록 커지고 있다. 최근 불황이 심해지면서 근린상가 2~4층은 세입자를 구하지 못하는 경우 임대인이 관리비까지 무는 경우가 많다. 반면 1층은 세입자를 구하기가 그다지 어렵지 않다. 점포가 안 나가면 조금 싸게 내놓으면 된다.

당신이 상가를 아는가

상가 투자의 목적은 3가지다. 먼저 상가를 얻어 직접 가게를 차리거나 사무실을 내는 경우다. 직접 경영하는 만큼 월세 걱정도 없고, 마음 편하게 장사 등을 할 수 있다. 2번째는 안정적인 수익을 내기 위해서다. 마지막으로는 매매차익을 볼 수 있기 때문이다.

그런데 은퇴설계로 접근한 상가투자의 개념은 2번째인 월세 수입 등의 안정적인 수익형이 궁극적인 목적이다. 따라서 상가는 수익이 보장돼야 한다. 다른 부동산 투자와 마찬가지로 상가는 독점적인 것이 필요하다.

서울 강북에 사는 B씨(45)는 가정의학과 의사였다. B씨에게 2천 세대의 아파트 단지로 들어가는 유일한 도로에 위치한 상가를 중개해 주었다. 처음에는 상가 내 한 사무실 규모로 조그맣게 가정의학과로 시작한 병원이 내과, 피부과 전문의까지 고용한 큰 규모의 병원으로 성장했다. 아예 B씨는 그 건물을 통째로 인수해 버렸다. 2천 세대의 아파트 사람들을 대상으로 독점적인 위치에 입점한 상가 덕에 B씨의 병원은 늘 환자로 붐빈다.

반면 독점적인 위치가 아닌 애매한 위치에 있는 상가는 그다지 매력적인 투자 대상이 될 수 없다. 독점적인 자리가 아니라면 임차인의 장사가 잘 안 되고, 매월 고정적인 월세 수입도 위험해진다. 실제로 많은 상가 투자자들이 임차인을 구하지 못해 관리비만 축내서 하소연도 많이 한다.

또 상가는 임차인 관리가 중요하다. 매월 임차인에게 월세를 받는 것이 보통 스트레스가 아니다. 그런 관리 영역에 자신이 없다면 상가로 은퇴설계하는 일을 포기하거나 아니면 미리 공부해 자신의 내공을 쌓아야 한다. 만약 관리하는 상가의 수가 늘어난다면 관리 노하우와 대처는 보다 전문화할 필요도 있다. 상가관리는 부익부 빈익빈이기도 하다. 권리금이 3억이나 되는 상가가 있다고 가정해 보자. 이 상가는 상권이 매우 좋은 곳이고, 장사도 잘된다고 볼 수 있는 만큼 임차인의 월세는 자동으로 입금된다. 반면 권리금이 하나도 없는 상가의 경우에는 임대인이 임차인의 상태가 늘 신경 쓰이기 마련이다.

테마상가와 전용률이 낮은 상가는 피해라

테마상가는 과잉 공급이라고 본다. 일부 테마 쇼핑몰에서는 공사가 완공되었음에도 불구하고, 세입자를 찾지 못해 텅텅 비어 있는 곳이 많다. 테마 쇼핑몰은 이미 구조 조정이 한창 지났다. 쇼핑몰 내 천막 상가 등도 임차인의 기본 매출이 매우 떨어지는 편이다.

이러한 현실인 데도 시내 거리를 다니다보면 '3천만 원 투자에 월 100만 원 임대수익 보장', '수익률 12% 보장' 등의 현수막을 걸어놓고 투자자를 모집하는 경우가 있다. 허위와 과대광고일 가능성이 크다. 일정 기간 수익률을 확정, 보장하는 상품들도 그 기간이 끝나면 각종 지출비용(재산세, 대출이자, 중개 수수료)을 제외하면 남는 돈이 없거나 오히려 손해를 보는 이른바 '깡통 상가'도 속출하는 경우가 있으니 조심해야 한다.

전용률도 상가 투자 시 고려 대상이다. 상가 건축을 살펴보면 상가를 이용하는 사람들이 적은 상가임에도 불구하고 불필요하게 상가 내부에 규모가 큰 에스컬레이터를 설치해 전용면적만 작게 만들고 상가 활성화에 오히려 저해요인이 되는 것을 볼 수 있다. 이렇듯 분양 상가에는 공유면적이 크고 전용률이 낮은 상가도 많기 때문에 반드시 매입 전 전용률을 확인해야 한다.

상가임대차보호법 개정, 권리금 보장돼

2018년 상가건물 임대차보호법이 개정됐다. 그 내용은 그동안 자영업자의 가장 큰 애로사항이었던 권리금의 보호를 위해 상가 임차인의 권리금 회수가 법으로 보호된다는 것. 상가 임대인은 신규 임차인에게 권리금이나 현저한 고액의 차임 또는 보증금을 요구하는 등 법률에 규정된 권리금 회수를 방해하면 손해배상책임을 지게 된다.

이 외에도 모든 임차인이 건물주가 바뀌어도 5년간 계약기간을 보장받는다. 하지만 임대료 상한제가 빠져 있어, 반쪽짜리 보호법이 아니냐는 지적도 나온다. 현행 상가임대차보호법에 따르면 월세를 포함해 보증금으로 환산한 금액인 '환산보증금(보증금+월세×100)'이 6억 1천만 원(서울시 기준) 이하인 상가에 대해서는 월 임대료 및 보증금(환산보증금으로 계산)의 증액률이 5%를 넘지 못하도록 제한하고 있다. 이에 비해 환산보증금이 6억 1천만 원을 초과하는 상가는 상한이 없다. 이 경우 임대인이 임대료를 매우 크게 올려도 임차인 입장에서는 대처할 수 없다.

최근 상가 경매 물건이 인기가 높아지고 있다. 경매로 낙찰받은 상가에는 권리금 승계 의무 등이 적용되지 않는 만큼 상가 경매시장에 대한 투자자들의 관심도 높다.

* 단지 내 상가 투자 원칙

• 1,000세대 이상 규모의 아파트 상가여야 한다
  기본 세대 수 이상이어야 상업성을 지닌다.

• 주 출입구 상가에 입지해야만 한다
  가장 독점적인 곳의 상가에 위치해야 장사가 된다.

• 반드시 2차선 이상 차도에 접한 상가여야 한다

• 1층 상가가 환금성이 좋다
  2층 이상으로 올라가면 접근성이 떨어진다.

• 입주 5년차 이상 된 상가를 선택해야 한다

편의점을 운영하고 있는 M씨(55)

몇몇 중소기업에 근무했던 M씨는 지난 2018년 25년째의 직장생활을 마치고 은퇴를 했다. 작은 회사를 다녔지만 악착같이 재산을 모은 M씨. 많다면 많고 적다면 적은 그의 전 재산은 서울 마포구 소재 33평형 아파트 한 채와 현금 3억 원.

그가 집 한 채와 현금 3억 원을 모은 비결은 일단 적게 쓰는 것에 있었다. 빠듯한 월급의 대부분을 저축해 지독하게 돈을 모았다. 직장생활을 하면서도 와이셔츠 한 장 편안하게 사지 못해 한 벌을 매일 빨아가며 생활했다. 날씨가 좋은 날은 퇴근 후 빨아 놓으면 다음날 아침에 입을 수 있었지만 비라도 오는 날이면 아침 일찍 일어나 다리미로 다려 입어야 하는 고생도 했다.

2018년 그가 다니던 회사가 더 이상 버틸 수 없어서 M씨 역시 나올 수밖에 없었다. 다소 고지식한 성격이었던 M씨는 더는 월급을 받을 수도 없는 현실 앞에서 일생일대의 큰 모험을 시도한다. 상가투자가 그것이다. 자신의 제2의 진로를 모색하다가 부동산 투자, 그중에서도 왠지 상가투자가 자신과 궁합이 맞겠다는 생각을 했다.

M씨는 우선 현금 3억 원과 살고 있던 집을 처분하고 전세로 옮겨 2억 5천만 원을 확보해 총 5억 5천만 원을 준비했다. 그가 눈여겨 본 지역은 서울 구로구 디지털밸리 내 연면적 약 2만평이 되는 아파트형 공장에 위치한 상가였다. 그는 디지털밸리 아파트형 공장을 둘러보면서 무슨 업종이 가장 좋을지 고민하던 중, 대부분의 건물에는 편의점과 사무용품 판매점이 각각 하나씩 반드시 입점해 있는 것을 발견했다. 적절한 매물을 살펴보던 M씨는 분양 평수 23평형(전용면적 12평)으로 분양가가 5억 2천900만 원이었지만 프리미엄이 붙어 매입가는 6억 원에 달하는 상가를 매수했다. 부족한 금액은 대출을 받았다. 평소 소심한 성격과는 다르게 5천만 원을 더 들여 사무용품 판매점까지 운영하기로 하는 등 부동산 투자에 있어서는 확실한 실천을 중시했다.

그 결과 편의점과 사무용품 판매점은 월 평균 6천만 원 정도의 수익을 올리고 있고 그 상가의 매매가 역시 최소 6억 5천만 원으로 뛰었다. M씨는 최근 자신의 편의점을 임차인에게 양도하고 임대수익 쪽으로의 방향도 고려하고 있다. 주변 부동산에 알아보니 두둑한 권리금이 예상되고 있다. M씨에게 상가는 든든한 노후대책이다.

소액으로 투자할 수 있는 소형 빌라

1992년부터 서울 중구청에서 기능직 공무원을 하면서 3년을 안 쓰고 모은 종잣돈 3,000만 원을 갖고 빌라 투자를 시작한 S씨(51). S씨가 초지일관 투자한 곳은 재개발 지역의 빌라였다. 한강변이나 강남은 투자금이 많이 들어 엄두를 못내고 강북 쪽의 빌라 물건을 주로 찾았다. 건당 투자금액은 2,000~3,000만 원 정도의 소액이었다. 그는 여윳돈이 많지 않은 서민들의 부동산 투자로는 빌라가 제격이라고 말한다.

앞서 수익형 부동산 투자 물건에 대해서 알아본 바 있다. 소형 빌라는 은퇴설계를 앞두고 수익형 부동산 투자로 고려해 볼 만한 투자 대상이다. 빌라라고 불리는 연립, 다세대주택은 아파트와 단독, 다가구주택과 함께 대표적인 주거용 상품이다. 보통 건물의 층수 제한으로 아파트와 그 외의 건물을 구분할 수 있다. 5층 이상이면 아파트이고, 4층 이하는 연립주택이다. 조금 더 세분화하면 전체 면적이 $660m^2$(200평) 이상이고 4층 이하인 건물을 연립주택이라 한다. 이 연립주택을 흔히 빌라라고 일컫는다.

또한 다세대 주택은 $660m^2$ 이하에 4층 이하, 다가구는 $660m^2$ 이하이지만 개별 등기는 안 된다. 이 외에도 다중주택은 $330m^2$(100평) 3층 이하로 단독주택형 건물이다.

대표적인 서민주택이라 임대에 용이

최근 전세대란이다. 전세금이 상승하면서 빌라는 임대수요가 증가하는 분위기이다. 빌라형은 대표적인 서민 주택이라고 볼 수 있다. 먼저 관리비가 없어 돈 없는 세입자에게는 적합한 주거 형태라고 할 수 있다. 임대를 원하는 수요가 많다 보니 공급을 하는 빌라 주인에게는 임대 기회가 더 넓어진다.

실제로 전국 월세 가구의 대부분은 저소득층이며 이들은 주로 단독주택과 연립주택에 사는 것으로 조사됐다. 반면 전세는 고소득층과 중소득층의 대표적인 임차 형태인데, 그 주거형태는 아파트이다.

2016년 기준 서울 연립주택 평균 매매가는 2억 5,000만 원정도로 서울 아파트 평균 전셋값(4억 원)의 62% 수준이다. 개발 지역일 경우 매매차익과 함께 약간의 임대수익도 예상해 볼 수 있다.

지역개발 호재, 빌라의 준공 연한도 챙겨라

빌라는 지역이라는 숲과 매물이라는 나무를 종합적으로 고려한 입지 선택에 성패가 달려 있다. 최근 뉴타운과 재개발 지역 투자가 어려운 환경이다. 일부 지역의 뉴타운 지정이 해제되기도 하는 등 재개발이 한풀 꺾인 분위기이다. 그렇지만 열심히 발품을 팔다 보면 흙 속에 감춰진 진주를 캐듯 지역 호재가 숨어 있는 빌라 매물을 찾을 수 있다.

빌라를 매입할 지역을 정한 다음에도 같은 지역 내 어떤 위치에 있는 빌라를 살 것인가를 생각해 봐야 한다. 아파트 밀집 지역보다는 일반 주택이 많은 동네의 빌라를 고르는 편이 좋다. 빌라는 낡은 건물을 샀을 때 구입 가격은 저렴하겠지만 수도, 하수도, 가스관 등이 노후되어 고치는 비용이 크게 들 수 있다. 또 세입자의 수리 요청 전화가 빈번하면 여간 스트레스가 쌓이는 것이 아니다. 따라서 빌라의 층수, 준공 연한, 주차공간 확보 등 오랜 기간 꼼꼼히 따져 보고 선택해야 한다.

관리 잘 된 빌라, 임대료 높아

얼마 전 부동산 투자를 다루는 TV 시사 프로그램에서 경매 투자에 성공한 여자 분이 나온 것을 보았다. 전국을 돌며 경매를 통해 10여 개의 수익형 물건을 갖고 있는 그녀는 매달 임대수익을 톡톡히 벌고 있었다. 주목할 것은 그녀가 자신의 수익형 부동산을 대하는 태도였다. 자신의 빌라 내부에 있는 일반 백열등과 형광등도 세련된 전기 제품으로 교체하고, 찌든 때가 끼고 깨진 욕실 바닥도 수리하는 등 임대 물건을 깨끗하게 관리하는 것이다. 본인이 직접 청소하고 웬만한 고장과 수리는 직접 하는 알뜰함을 보여 주었다. 이렇게 공을 들여야 임대가 나가고 상대적으로 월세도 올려받을 수 있다는 것이 그녀의 지론이었다.

보통 햇볕이 잘 들고 통풍이 잘되는 빌라가 인기가 높다. 햇볕이 잘 드는 빌라는 그 자체만으로도 가치가 높은 셈이다. 또한 내부 시설의 경우 쾌적하고 편리함을 유지한다면 임차인의 선호도는 높아진다. 이렇게 관리를 잘하면 임대료 10~20만 원은 더 높게 받을 수 있다.

시세보다 싸게 경매로 접근

2017년 경매 시장에 나온 수도권 다세대 주택은 모두 2,200여 건이 넘는다. 물량도 증가하지만 입찰자 역시 폭발적으로 늘고 있다. 소형 아파트가 환금성도 좋아서 인기지만 빌라 같은 다세대 주택을 찾는 사람도 늘었다. 경매를 통해서 최저 입찰가 7,000~8,000만 원대의 소액 투자용 빌라를 낙찰받는다면 충분히 투자가치가 있는 선택이다.

다만 소액투자의 경우 입지 여건이 우수한 곳만 고집하지 말고 다소 여건이 떨어져도 임대수요가 넉넉한 곳이라면 안정적인 월세수익을 목표로 접근해 볼 수 있다. 또한 재건축이 예상되는 노후

물건도 투자 가치 면에서 고려해 볼 만하다.

경매를 통해 빌라를 구입할 경우 세입자의 명도는 세심하게 체크해야 한다. 세입자와의 마찰로 명도소송까지 간다면 금전적 손해도 예상되고, 정신적인 고통이 따르기에 신중한 확인이 필수라 하겠다. 또 법원에서 매긴 감정가 역시 현재 시세와 비교, 현장조사를 통해 검증해야 경매를 통해 낙찰받은 후에 후회하지 않는다.

소형 빌라 투자로 부동산 투자 재미 느끼는 E씨(55)

컴퓨터 프로그래머 출신의 E씨는 빌라를 사면서 부동산 투자의 재미를 한껏 느끼고 있다. 직장에서 월급 생활에 쪼들리며 생활을 했던 그는 악착같이 모은 종잣돈 1억 원을 갖고 서울 마포구 상수동의 36㎡(11평)짜리 빌라에 투자했다. 서울 마포 월드컵 경기장 옆 시영아파트에 전세를 살고 있는 그는 평소 한강공원을 자주 다니면서 상수동 근처가 왠지 마음에 들었다.

상수동은 홍익대가 자리한 역세권이며 가까운 거리에 한강변이 있어서 상권과 주거환경이 좋았다. 그가 무엇보다 중시했던 것은 꾸준한 임대 수요 여부였다. 자신의 전 재산으로 투자한 빌라에서 나오는 임대료로 월급과 더불어 생활비로 충당하려는 것이 그의 속내였다.

홍대 상권의 팽창 속에서 상수동 역시 상권의 호재가 이어졌고, 그의 예상대로 임대가 어렵지 않았다. 월세 50만 원을 받았는데, 세입자는 홍대 근처 출판사에 다니는 직장인이었다.

그는 마포 망원동 쪽의 소형 빌라를 알아보는 중이다. 이 지역은 6호선 마포구청역 근처로 상암동 DMC가 그리 멀지 않고, 합정동 상권에서도 가까운 곳으로 임대수요가 예상돼 그의 구미를 당기는 지역이다. E씨는 이번에는 과감하게 대출을 끼고 빌라를 구입할 계획이다. 그는 '역세권인 데다 한강변이라는 호재도 있다'며, 자신의 빌라 투자에 자신감을 나타냈다.

SECTION 4

환금성 좋고 임대 관리하기 편한
소형 아파트

서울 목동에 살고 있는 T씨(57)는 최근 딸의 대학 합격을 계기로 살고 있는 아파트(84.99㎡)를 팔고 경기 고양시 원당역 근처의 한 아파트에 전세 입주했다. T씨가 아파트를 팔고 전세를 얻은 이유는 은퇴 이후를 대비하기 위해서다. 곧 은퇴를 앞둔 T씨는 목동 아파트를 팔고 남은 현금을 갖고 서울 마포와 서대문구에 소형 아파트 2채를 마련했다.

이 2채의 아파트에서 매달 나오는 임대료는 150만 원. 향후 지급받게 될 국민연금과 이 임대료를 더하면 현재 자신이 받고 있는 월급과 비슷하다. T씨는 딸의 대학입학을 계기로 큰 마음먹고 목동을 떠나 주거지를 옮기고, 소형 아파트에 투자한 자신의 결정이 만족스럽다. 앞으로 여건이 된다면 소형 아파트 몇 채를 더 구입하고 싶은 것이 그의 속내이다.

최근 부동산 경기 침체로, 번듯한 집이 있지만 무리한 대출과 세금 부담으로 소득이 줄어 빈곤하게 사는 사람들이 많다. 이들을 가리켜 하우스 푸어(house poor), 렌탈 푸어(rental poor) 등의 신조어가 생겨나기도 했다. 특히 중대형 아파트의 경우 거래가 많이 안되고 시세도 크게 떨어져 구입자들의 어깨를 짓누르고 있는 상황이다. 그런데 이와 반대로 소형 아파트는 시세도 소폭이지만 상승세를 나타내고 꾸준한 임대 수요가 있는 편이다.

소형 아파트가 대세가 된 이유는 아파트 공급 물량의 변화와 부동산 시장의 침체에서 찾을 수 있다. 지난 2008년까지 부동산 시장이 호황을 이루면서 건설회사들은 이윤을 쉽게 남길 수 있는 전용면적 85m^2(26평) 이상의 중대형 면적 위주로 아파트를 공급했다. 반면 85m^2 이하 아파트 공급은 눈에 띄게 줄어들었다. 특히 전용면적 60m^2(18평) 이하 소형 아파트는 더욱 귀해지면서 작은 아파트의 희소가치가 점점 높아진 것이다.

여기에 부동산 시장 침체가 지속되자 투자자는 투자금이 적고, 환금성이 좋은 소형 아파트를 선호하고, 실수요자 역시 불안한 부동산 시장에서 무리하지 않고 중대형을 기피하는 현상이 뚜렷해지면서 수요와 공급 면에서 소형 아파트 선호 현상이 두드러진 것이다. 이러한 환경에서 소형 아파트를 마련한다면 수익형 부동산 은퇴설계의 또 하나의 대안이 될 수 있다.

지역호재 많은 곳이 환금성이 좋다

소형 아파트의 매력은 환금성에 있다. 부동산의 불황기에는 시세가 오를 때까지 기다리는 '묵혀두기'식 투자보다 현금화할 수 있는 투자처가 중요한데, 소형 아파트는 이에 적합하다. 특히 노후대비를 위한 투자를 고려할 때 긴급한 일이 발생해도 언제든지 현금 흐름을 만드는 환금성은 소형 아파트의 장점이다.

소형 아파트가 환금성을 갖추려면 어떤 조건이 필요할까? 먼저 지역호재가 많은 곳은 수요가 넉넉해 부동산 거래가 활발하기 때문에 환금성이 좋다. 호재가 많은 지역은 배후 수요가 풍부하고 인구 유입도 증가돼 임대수요가 생긴다. 서울 수도권의 경우 대중교통과 교육환경이 좋은 지역이 수요가 풍부하다. 지방은 대규모 산업단지나 공공기관 이전 지역 등 젊은층 인구가 늘어나는 도시가 배후 수요가 풍부한 편이다. 가령 서울 내 한강변 소형 아파트나 서울 공덕동 마포 전철역, 서울 마곡지구 오른쪽 가양동 등은 임대용 투자처로 유망하다. 또한 서울 노원구의 $49{\sim}60m^2$(4~18평)의 소형 아파트는 좋은 교육환경을 배경으로 서울시내 중 가장 깔끔한 소형 아파트 투자처로 손색이 없다. 부동산은 살 때보다 팔 때가 더 문제라는 사실을 명심하고 소형 아파트가 지닌 환금성이란 장점을 잘 살려야 한다.

임차인 관리 면에서 수월한 소형 아파트

부동산 은퇴설계를 하는 입장에서 임차인 관리는 중요한 영역이다. 실제로 부동산 투자자의 경우 임차인들과의 관계를 원만하게 풀지 못해 크고 작은 어려움에 직면하는 경우가 많다. 제때 월세를 못 받는 경우에서부터 임차인과 분쟁 또는 송사를 벌이는 경우 등 다양한 문제들이 발생한다. 소형 아파트는 여타 수익형 부동산인 빌라, 원룸, 상가보다도 임대 관리 면에서 수월하고 편리하다.

소형 아파트를 임대하고 있는 J씨(48)는 수년 전 대학가 원룸에 투자했다가 임차인 관리에 애를 먹은 적이 많다. 몇몇 임차인의 경우 월세가 밀려 투자금에 들어갔던 대출금 이자 갚기에 지장이 생겨서 매우 낭패를 본 것이다. 그 이후 J씨는 원룸을 팔고 소형 아파트에 집중했다. 3채의 소형 아파트 임대를 하지만 임차인과 크게 얼굴을 붉히지 않는다. 3채 모두 젊은 부부들에게 임대하고 있는데, 매달 은행으로 들어오는 임대료의 일부를 자신의 노후 연금으로 연결해 놓았다. 그는 이렇게 소형 아파트로 갈아타면서 관리가 전에 비해 한층 수월해진 것이다.

역세권과 시세 대비 높은 전세가 지역

소형 아파트를 잘 고르기 위해서는 먼저 매매 시세 대비 전세금을 잘 살펴보아야 한다. 시세에서 전세금의 비율이 높다는 것은 전월세 수요가 많은 지역이라 임대수익을 기대할 수 있고, 공실률의 위험도 줄일 수 있다.

또한 소형 아파트의 임차인은 주로 미혼의 직장인이나 젊은 세대가 많다. 이들은 대중교통을 이용하는 경우가 많기에 출퇴근이 편한 역세권을 선호하는 만큼 소형 아파트의 입지를 잘 고려해야 한다.

이 외에도 도심의 업무시설이 밀집해 있는 지역의 경우에도 소형 아파트의 대기 수요자가 많다. 최근 미디어, 방송사의 입주가 활발한 서울 상암지구의 배후 지역의 소형 아파트도 선택 입지로 손색이 없다.

소형 아파트로 부동산 투자에 입문한 B씨(41)

노처녀인 B씨는 좋은 직장에 다니며 부모님과 함께 거주하고 있지만, 이후에 다가올 부모님 없는 노후에 대한 고민이 많았다. 먼 미래를 위해 연금보험, 암보험 등을 가입했지만 자신의 명의로 된 아파트를 장만해야겠다는 결심을 했다.

그녀가 확보한 현금 자산은 1억 원. 그런데 막상 투자할 곳을 찾아보니 대부분 최소 3억 원 이상은 있어야 했다. 고민이 많던 그녀에게 소형 아파트 투자를 하고 있는 한 직장 선배가 조언을 했다. 소형 아파트로 장만하면 수익형과 매매차익 두 가지를 모두 잡을 수 있다는 것. 이에 B씨는 소형 아파트로 투자의 방향을 잡았다.

그녀는 선배의 조언에 따라 경기도 고양시 행신동의 소형 아파트를 구입했다. 자신의 1억 원 현금과 대출을 받았는데, 저금리 덕택에 싼 대출이자를 내고 있다. 아파트는 구입 후 바로 월세 시장에 내놓았다. B씨의 아파트 입지는 아파트 앞에 녹지가 펼쳐져 있고, 도심까지 25분 거리밖에 되지 않는 광역버스 등이 다녀 젊은 부부나 1인 가구에게 인기가 높다. 월세 수익은 보증금 2천만 원에 월세 60만 원. 그녀는 대출이자를 내고도 매달 수익이 생기고 있다. 자신의 명의로 된 아파트도 생기고, 매월 조금씩의 월세 수입도 생기니 B씨의 마음은 매우 풍요롭다.

수익형 부동산 관리 원칙 알아보기

언제나 수익형 부동산은 공실에 대비해야 한다. 입지와 상권을 고려, 구입 단계에서 신중해야 한다.

1. 집으로부터 30분 이내 부동산을 구입하여 관리하라

가까이 있어야 관리가 가능하다. 혹은 꼭대기 층에서 살 것. 내가 편안하게 느끼고 정기적 방문이 가능한 근린 지역에 위치한 부동산을 잡는다.

2. 구입 시 구체적인 자금계획을 세워라

대출 대비 수익, 재산세, 임대소득세, 추가 인테리어 비용, 취득 시 세금, 관리 인원 비용 등 구체적인 자금계획을 철저히 세운다.

3. 대중교통수단이 있고 인력, 주요 업무지역(도심) 근접 부동산을 구입하라

회사원, 대학생, 독신자, 20~30대가 위치한 지역을 선택하라. 대학가와 역세권은 세입자를 찾기가 쉬워 수익형 부동산으로 가장 적합하다.

4. 각종 마케팅(광고, 전단지 등), 커뮤니케이션 관리를 잘하라

공실률을 최대한 줄일 수 있다.

5. 계약서 작성(특약)을 철저히 하라

부가세, 관리비, 월세 납부 등 각종 임대규칙을 넣어준다.

6. 소방필증, 보험(화재) 등 사건사고에 대한 대비를 하라

7. 소형평형은 월세 수요도 풍부하며 증가세를 보인다

중대형으로 임대 사업을 하지 말아야 한다. 다가구, 원룸주택으로 최대한 작게 쪼개야 한다.

8. 대출이 없어질 경우 임대주택을 다시 찾아라

소형 아파트 투자 방법

- **교통(역세권), 상권(상업지+업무지), 학군, 공원(한강변 등) 등의 입지에 따라 가격 변동성이 커진다**

  소형은 교통, 중대형은 환경과 교육여건을 살펴라.

- **재건축 연한이 가까운 단지(재건축 연한 30년으로 완화) 또는 신규단지로 접근한다**

  개발호재로 가격상승이 있거나 혹은 관리의 편리함을 선택한다.

- **중단기 투자의 경우는 분산 투자, 장기적 투자의 경우는 같은 지역에 집중 투자를 한다**

- **소형아파트는 단기적으로 고평가되어 있는 지역이 많으므로 선별하여 접근한다**

  이미 지역이나 단지에 따라 양극화가 많이 진행되었다.

SECTION 5

은퇴 이후 평생직장이
될 수 있는 경매

스물여섯에 결혼해 서른이 되기 전에 두 아이의 엄마가 된 주부 W
씨(42).

평범한 주부였던 그녀는 깨끗한 32평 아파트에 살고 싶다는 소
박한 꿈을 갖고 우연한 기회에 경매를 만났다. 두 달 만에 첫 낙찰
을 받은 그녀는 가진 돈도 적고, 어려운 권리분석도 싫어서 쉬운
집들만 골라 경매에 임했다. 하지만 그녀는 경매와 인연을 맺은 지
만 3년 만에 무려 21채의 집을 갖게 됐다. 더욱이 W씨는 경매에 대
한 정보를 블로그와 카페에 올리다가 경매에 대한 책까지 발간했
다. 그녀는 평소 쉬운 말로 쓰인 책이 있었으면 좋겠다는 바람이
있었는데, 본인이 직접 쉬운 경매 책을 집필하게 된 것이다. 이 책
또한 부동산 분야의 베스트셀러가 돼 그녀를 더욱 고무시키고 있
다. 집 21채와 베스트셀러 작가에 이르기까지, 이 모든 것을 가능
하게 만들어 준 것이 경매였다.

경매로 성공한 W씨의 사례는 평범한 것은 아니다. 하지만 보통 주부였던 그녀가 내 집 마련을 하기 위해 우연하게 뛰어든 경매에서 성공한 이야기는 부동산 은퇴설계에서 시사하는 바가 크다.

'경매 투자' 하면 일단 어렵게 생각하는 사람들이 많다. 어려운 법률용어와 복잡하고 까다로운 절차까지, 초보자들이 접근하기 쉽지 않기 때문이다. 또한 경매는 예전에 비해서 경쟁이 심하다. 경제가 불황이라 경매 물량은 많지만 높은 시세 차익을 얻을 수 있는 알짜배기 경매 물건은 찾기가 쉽지 않다.

따라서 요즘 경매는 남들이 관심을 가지지 않는 것에 관심을 갖고 발품을 팔아야 수익을 낼 수 있다. 바로 틈새시장이다. 이러한 시장을 제대로 알기 위해서는 경매 실전에 강해야 한다. 이론보다는 실전이 중요하다. 은퇴 전후의 세대는 실전에 약할 수 있다. 그러나 산전수전 다 겪은 경륜있는 나이라면 경매와 같은 복합적인 부동산 투자에서도 성과로 이어질 수 있다. 용기를 내보자. 경매는 은퇴 이후 평생직장이 될 수도 있다.

먼저 목표를 설정하고, 권리분석은 기본

경매를 시작하기 위해서는 가장 먼저 목표를 설정해야 한다. 집을 살 것인지, 상가를 살 것인지, 토지를 살 것인지를 미리 결정해야 한다. 실제 경매로 나온 부동산을 이러한 목표를 갖고 집중 연구해야 나중에 관리하기도 편하고 시세차익을 누릴 수 있는 부동산을 살 수 있다.

물론 이러한 목표를 정하기 위해서는 자신이 갖고 있는 현금 자산을 정확히 알아야 한다. 지피지기면 백전불퇴이다. 자신이 지니고 있는 돈을 모르면 자신의 조건에 맞지 않는 부동산을 찾아다니고, 또 그런 부동산을 연구하느라 시간과 돈을 낭비하게 된다. 나중에 입찰 공고를 낼 때 정확하게 베팅하려면 자신이 갖고 있는 돈을 정확히 알아야 한다.

경매 물건의 권리분석 역시 중요하다. 경매는 말소기준권리와 임대차관계 분석을 정확히 이해해야 한다. 권리분석의 기준이 되는 말소기준등기 이후에 설정된 권리들은 낙찰 후 모두 소멸되는 게 원칙이다. 또 세입자 관계 분석의 경우에는 대항력 요건과 그 순위를 따져 인수 여부를 따지기 때문에 기본적인 사실관계를 확인한 후에 입찰 여부를 결정한다. 특수 권리관계나 법적 해석이 필요한 일부 물건은 입찰에 신중을 기해야 한다. 물론 경험 많은 투자자는 권리관계가 복잡한 부동산을 선호하는 경향도 있다. 권리관계가 복잡하면 해당 부동산을 아무도 사려고 하지 않아 아주 낮은 가격에 낙찰받을 수 있기 때문이다. 경험 유무에 따라 수익률이 달라진다.

Tip __말소기준권리__

말소기준권리란 부동산경매에서 부동산이 낙찰될 경우, 그 부동산에 존재하던 권리가 소멸하는가, 그렇지 않으면 그대로 남아 낙찰자에게 인수되는가를 가늠하는 기준이 되는 권리를 말한다. 가령 근저당권이 설정되어 있는 부동산에 세입자가 들어온 경우, 그 부동산이 경매에 부쳐진다면 세입자의 전입 일이 근저당권 설정 일보다 나중이 되기 때문에 세입자는 낙찰자에게 대항력이 없다. 이 경우 세입자의 권리는 소멸되고, 그것을 판단하는 말소기준권리는 근저당권이 된다.

현장조사를 통해 물건분석 잘해야

2002년 민사집행법이 제정되면서 경매의 과정은 매우 단순해졌다. 이러한 환경은 경매 대중화로 이어졌다. 법원경매 현장에서 아기를 등에 업고 경매에 임하는 젊은 주부의 풍경이 그리 낯설지 않은 시대이다. 그렇지만 직접 발품을 팔아 물건을 탐방하는 현장조사와 이에 따른 물건분석을 하지 않는다면 경매가 그리 녹록한 과정은 아니다. 주변에서 경매를 통해 하자 있는 부동산을 만나서 치명적인 경매의 함정에 빠지는 경우도 봤다.

경매는 현장조사를 통해 물건분석에 만전을 기해야 한다. 경매 물량이 많아 어렵지 않게 낙찰받을 수 있는 아파트의 경우를 보자. 현장에 나가 대지권, 장부와 실제 표시와의 불일치 여부, 토지별도 등기와 연체 관리비 등을 별도로 알아봐야 한다. 대지 지분과 단지 규모, 임대가 비율, 지역 냉난방비 수준, 거주 환경의 쾌적성과 주차 공간 등을 조사해 투자가치를 파악하고 향후 매매가 잘 될 것인지를 종합적으로 판단해야 한다.

단독주택의 토지는 지적도와 실제 이용현황이 다르거나 땅의 위치조차 찾기 어려운 경우도 많다. 감정 평가서에 나온 흐릿한 사진은 경계가 불분명한 데다 인접 필지 땅과 주택을 구분해 내기란 쉽지 않은 일이다. 경매 대상이 아닌 남의 주택과 땅을 입찰 대상으로 착각하고 경매에 참여했다가 땅을 치고 후회하는 사례도 보았다. 경매 대상의 정확한 위치부터 찾아내 입찰 목록을 확인해 보는 것이 물건분석의 첫 단추다.

따라서 입찰 전에 현장을 여러 번 찾는 것이 중요하다. 현장을 방문해 경매 부동산의 정확한 시세 파악을 해야 한다. 경매 투자에서 실패하는 원인을 보면 가격이 변수다. 호가나 감정가를 시세로 착각하면 오판하기 쉽다.

은퇴 이후 경매에 뛰어든 K씨(53)는 경매 물건의 분석을 위해 물건 현장 주변 부동산을 통해 시세를 파악한다. 이때 사는 경우와 파는 경우를 가정해 시세를 조사하면 대략 경매 물건의 시세를 예측할 수 있다. K씨는 끈질긴 현장조사 덕분에 최근 연이어 2개의 물건을 낙찰받았다.

합리적인 입찰 태도와 더불어 센스 있는 명도도 중요

경매장에서 실제 입찰을 할 때는 법원 경매 현장의 분위기에 휩쓸리지 말아야 한다. 생각보다 경쟁이 심하면 생각해 둔 액수보다 입찰액을 더 쓸 수는 있지만, 현재 시세보다 비싸게 사는 우를 범해서는 안 된다. 현장에서는 먼저 입찰 게시판을 확인하고, 사건기록을 열람하면서 입찰표를 작성하면 된다.

초보자의 경우 입찰장 안의 수많은 투자 인파에 질려 즉석에서 낙찰가를 높이거나 지레 포기하기도 한다. 사실 입찰장 인파는 허

수도 많다. 경매 물건의 채권자 또는 세입자나 채무자 등 이해관계인과 그 가족도 많이 모인다. 입찰장 분위기에 이끌려 다니기보다는 철저하게 수익률에 의거해 입찰가를 산정하는 합리적인 입찰 태도가 필요하다.

법원의 매각 서류나 유료 경매 사이트 기재 내용을 너무 믿어서 낙찰을 받았다가 잔금 납부를 포기하는 사례도 있다. 법원의 현황조사서와 매각물건 명세서의 잘못된 내용을 믿고 입찰하여 곤란한 상황에 놓이는 경우도 있다. 임차인의 점유상황, 임차보증금 신고내역의 차이 등 체크할 부분을 등한시하면 이런 결과가 초래된다.

보통 경매로 낙찰받은 집에는 세입자나 전 주인이 살고 있을 것이다. 만약 그 집에 살고 있는 사람이 경매를 통해 자신의 보증금을 모두 돌려받은 세입자라면 곧바로 찾아가는 것도 괜찮을 수 있다. 그러나 보증금을 모두 돌려받지 못한 세입자이거나 자신의 집이 경매로 넘어간 사람들은 한판 붙을 자세로 집을 산 사람을 기다리고 있을 것이다. 따라서 이때는 서둘러서는 안 된다.

낙찰자라면 경매로 낙찰받은 집을 방문해서 싸우기보다는 인간적으로 이야기하는 것이 좋다. 부드럽게 이야기하고 그래도 안 되는 사람들은 명도 소송을 통해 내보낼 수 있다.

온비드 사이트 통해 공매에도 도전

요즘에는 경매 못지않게 사람들의 관심을 끄는 것이 공매이다. 세금을 내지 않아 정부기관에 압류된 부동산이나, 공기업 또는 금융기관이 자신들의 업무와 관계없이 가지고 있는 부동산을 법원의 경매처럼 공개적으로 파는 것을 공매라 한다. 공매는 보통 공적 기관인 한국자산관리공사(KAMCO)에서 실시한다. 경매는 주로 법원에서 하지만 공매는 한국자산관리공사가 운영하는 온비드(www.onbid.co.kr)라는 사이트를 통해 실시한다.

공매를 통해서 팔리는 재산에는 '유입자산', '수탁재산', '압류재산', '국유재산' 등이 있다. 공매는 경매처럼 법원에서 하지 않고 집이나 사무실에서 온비드 사이트를 통해 할 수 있어서 시간과 비용을 절감할 수 있는 장점이 있다. 또한 잔금을 한꺼번에 치르지 않고 나누어 할부로 낼 수도 있고, 잔금을 치르기 전에 다른 사람에게 되팔거나 이용할 수도 있는 특징이 있다.

경매 투자 방법

▪ **가격분석을 잘해야 한다**
저렴한 물건을 잡아야 수익을 낸다.

▪ **권리분석을 잘해야 한다**
소유권에 문제가 없는지, 인허가분석도 참고해야 한다.

▪ **구체적인 자금계획을 세워야 한다**
명도 및 세입자합의금 등 예상치 못한 추가비용이 발생할 수 있음을 예상해야 한다.

▪ **환금성이 높은 매물을 선택한다**
가령 지하철역에서 10분 이내에 위치한 역세권이 좋고, 임차인 모집 시 고정적인 임대 수요를 확보할 수 있다.

경매 초보자 K씨(45)의 좌충우돌 경매 입문기

한 지인의 소개로 경매 학원을 다니게 된 K씨. 그는 경매 학원을 다니고 1년 만에 4건의 물건을 낙찰받았다. 주변에서는 돈이 많다는 오해를 받았지만 그건 K씨에 대해서 몰라서 하는 이야기였고, 그는 평범한 직장을 다니고 앞으로 다가올 자신의 은퇴를 걱정하는 소시민이었다.

K씨가 처음 낙찰을 본 것은 경남 양산시의 땅. 1㎡당 340만 원, 총 2억 5,300만 원을 주고 낙찰을 받았는데, 6개월 후에 취득세 등의 세금을 제외하고 2,000만 원 정도의 수익을 냈다. 경매 초보자였지만 성공할 수 있었던 그의 비결은 7번의 현장조사를 통해 시세를 정확히 파악했던 것에 있었다. 역시 현장조사가 중요함을 보여주는 사례다. 그가 갖고 있던 순수 투자금은 2,100만 원. 나머지는 아버지의 도움과 대출이라는 레버리지를 통해 낙찰 자금을 마련했다.

첫 번째 경매에서 자신감을 얻은 K씨는 두 번째에 도전했다. 두 번째는 장모님과 함께 거주를 목적으로 새로운 경매 아파트를 찾았다. 그 과정에서 한 번은 입찰표에 입찰 금액을 적지 않고 서류를 제출했다가 망신도 당했는데, 그만큼 그는 경매의 초보자였다.

마침내 두 번째 아파트 경매에는 성공했는데, 이번에는 명도 과정을 너무 빨리 밀어붙이다가 그 과정이 순탄하지 않았다. 보통 경매는 낙찰 후 일주일 정도 낙찰 허가결정을 기다려야 한다. K씨는 이 기간 중 낙찰된 집을 방문하는 등, 특이하게 행동하다가 전 주인과 작은 마찰을 빚었다. K씨는 일주일이 지나 법원으로부터 대금지급기한 통지서를 받고 잔금을 치루고 무사히 아파트를 낙찰받을 수 있었다.

그는 두 번의 경매 과정을 거쳐 시행착오와 경험을 쌓고, 세 번째, 네 번째 경매에서 낙찰을 받을 수 있었다. K씨의 좌충우돌 경매과정을 보면, 비록 그 과정은 매끄럽지 않았지만 현장조사의 치밀함이나 결단력 등은 경매에 임할 예비 경매인들에게 시사하는 바 크다.

경매 명도 10계명

경매는 일반매매와 달리 이중의 소유권 취득 절차(법적 취득 - 잔금 납부, 절차적 취득 - 명도)가 요구된다. 이처럼 번거로운 재산권 행사 절차 때문에 그동안 일반인이 선뜻 경매 시장에 발을 들여놓지 못했다. 그러나 이 말도 이제는 먼 추억 속의 얘기가 되었다.

이제는 과거처럼 명도(세입자나 집주인을 퇴거시키는 일)에 시달려 '앞으로 남고 뒤로 밑지는 일'은 크게 줄어들었다. 사람에게 시달리는 일은 크게 줄어든 대신 송달 등 절차적인 문제는 많아졌다.

누가 명도에 지름길이 있느냐고 묻는다면 '없다'가 정답이다. 그러나 실전적 경험을 통해 공유되는 명도 원칙 몇 가지를 기억하고 있으면 실무에서 유용하게 써 먹을 수 있다.

1. 명도의 왕도는 대화다

문전박대를 당하더라도 가능한 점유자와 만나라. 그러면 반드시 마음의 문을 연다. 발품이 최고다. 비록 다리는 힘들지라도 명도는 편안해질 것이다.

2. 명도비 없는 명도는 생각지 마라

윤활유 없이 기계가 돌아갈 수 없듯, 아예 입찰 전부터 명도비를 예산에 포함하라. 그러면 명도 시 아깝다는 생각이 안 들 것이다. 왜 명도비를 줘야 하느냐고 반문할 수도 있다. 물론 법적으로 지급해야 할 의무는 없다. 그러나 어차피 강제집행을 하더라도 소정의 집행비와 시간이 필요하다. 시간과 돈을 교환하라.

3. 오른손엔 당근(명도비), 왼손엔 채찍(강제집행)을 들어라

명도 협상차 점유자를 방문할 때는 오른손만 보여줘라. 그러면 상대방은 낙찰자의 진정성을 이해하고 닫혔던 마음의 문을 열 것이다. 왼

손은 그저 존재 자체만으로도 상대에게 위엄과 권위를 나타낸다. 먼저 왼손을 상대방 앞에서 흔들지 마라.

4. 강제집행은 최후의 수단이다

전가의 보도는 함부로 휘두르는 것이 아닌 것처럼 엄포용으로만 이용하라. 단, 꼴불견 임차인에게는 엄정하게 대처할 필요가 있다. 마치 맡겨 놓은 돈을 찾아가는 것처럼 너무도 당연히 명도비를 요구하는 사람, 그것도 아주 터무니없는 금액을 요구하는 사람에게는 차라리 국가에 세금을 내는 것이 낫다. 이럴 때는 강제집행이 보약이다.

5. 분할통치하라

다가구나 상가 등 여러 가구가 거주하는 경우에는 목소리가 큰 사람이 반드시 있다. 집단의 힘을 이용해 협상에 찬물을 끼얹은 사람은 다중으로부터 격리해야 한다. 본보기로 강제집행을 신청하면 나머지 사람들은 원하는 대로 잘 따라온다. 상대의 약한 고리를 집중 공략하라.

6. 집행 사전 예고제를 이용하라

강제집행이 불가피하다면 강제집행을 신청하고 집행관에게 방문을 부탁하라. 집행관이 10일 이내에 자진 퇴거하지 않으면 강제집행하겠다는 계고서를 붙이면 효과가 바로 나타난다. 집행관이 협상을 종용하고 조만간 강제집행할 수 있음을 고지하면 바로 꼬리를 내린다.

7. 잔금 납부 전에는 반드시 방문하라

경매는 일반 매매와 달리 사전 방문이 거의 불가능하다. 그러나 낙찰 후에는 사정이 달라진다. 대금지급기한 통지서를 받거든 방문하라. 방문하면 명도의 난이도를 판단할 수 있다. 대화를 하다 보면 어느 정도 성향을 파악할 수 있기 때문이다. 덤으로 숨어 있는 하자를 발견할 수 있어 위험(금전 손실)을 최소화할 수 있다.

8. 잔금납부와 동시에 통보하라

잔금납부 후에는 내용증명을 보내 주인이 바뀌었다는 것과 이사할 수 있는 일정 기간(잔금 내는 날로부터 30일 이내)을 통보하고, 기한 내에 이사 가지 않으면 강제집행할 수 있으며, 집행에 소요되는 비용 등을 청구할 수 있다는 점을 주지시킨다.

9. 명도는 송달이 생명이다

'하늘을 봐야 별을 따듯이' 송달이 돼야 강제집행을 할 수 있다. 종종 점유자가 고의로 송달을 거부하는 경우가 있다. 우체국 집배원이나 집행관과 가까우면 덕을 볼 수 있다.

10. 때로는 빈집 명도가 더 힘들 수도 있다

살림살이가 남아 있지 않다면 관리사무소 등의 협조를 얻어 조기에 입주할 수도 있다. 그러나 세간이 남아 있을 경우 함부로 옮겨서는 안 된다. 소정의 법적 절차를 거쳐 적당한 곳에 보관해야 한다.

SECTION 6

경매보다 수익성 높은
NPL로 은퇴설계

서울 동대문구에 사는 직장인 U씨(48)는 인터넷에서 부동산 정보를 제공해주는 한 회사의 중개를 통해 액면가격이 3억 8,000만 원짜리인 채권을 3억 원에 샀다. 이 채권에 딸린 담보물건은 이문동의 131.94㎡ 아파트로, 시세가 5억 원 정도에 형성되고 있었다. 과거에 똑같은 아파트가 법원경매에서 4억 5,000만 원에 낙찰된 통계를 보고 U씨는 경매를 진행시켰다. 법원에서는 경매에서 가장 높은 가격을 써넣은 사람에게 이 아파트를 매각하고 채권자들에게는 우선순위에 따라 매각대금을 배당한다. U씨는 채권 액면금액인 3억 8,000만 원을 그대로 배당받을 수 있었다. U씨가 보유한 채권이 1순위였고, 이 아파트에 대한 선순위세입자나 미뤄진 세금은 없었다. 경매비용과 세금 등으로 1,000만 원이 소요됐지만 3억 원을 투자하고 7,000만 원의 수익을 올린 것이다. 그는 20%가 넘는 수익률을 기록했다.

최근 가계부채의 증가 속에서 부실채권이 증가하고 있다. 이른바 NPL이라 불리는 부실채권은 채권에 관한 가치를 잘 판단하고 부동산 물건을 잘 분석하면 고수익을 올릴 수 있다.

NPL은 영어로 Non Performing Loan이다. 직역하면 '대출금을 회수할 수 없는 채권'이다.

개인의 입장에서 보자. 한 은행에서 대출을 받았다. 처음에는 대출이자를 잘 갚았지만 인간사 새옹지마라고 잘 풀리던 사업이 한순간에 지장을 받으면 집을 담보로 대출받은 이자를 못 내게 된다. 그게 쌓이면 결국 은행에 담보로 잡힌 집이 날아간다.

반면 은행의 입장에서 보면 대출금 관리가 아주 중요한 업무이다. 은행은 부실을 막기 위하여 보유자산 등의 건전성을 '정상', '요주의', '고정', '회수의문', '추정손실'의 5단계로 분류하고, 적정한 수준의 대손충당금 등을 적립 유지토록 감독하고 있다.

특히, 3개월 이상 연체가 발생하는 이른바 '고정' 이하 대출 등에 대해서는 최저적립비율(BIS)을 20% 이상 유지하도록 하고 있어, 은행의 입장에서는 안정성 저해, 유동성 제약, 수익 감소, 관리비용 증가 등을 피하기 위하여 불량채권인 NPL을 매각하여 이러한 위험을 회피하고자 한다. 제3의 투자자 입장에서 그 틈새시장이 바로 이때인 셈이다.

최근 낙찰된 경매 물건 중 NPL을 취급하는 자산유동화 전문회사로 양도된 물건이 점차 많아지고 있다. 이는 부동산 경매 시장에서 부실채권을 사자는 수요와 팔려는 공급이 점점 많아지는 것을 의미한다. 그만큼 NPL은 수익형 부동산의 활화산처럼 퍼져 나가고 있다.

IMF 이후 등장한 NPL

NPL이 국내에 처음 등장한 것은 IMF 이후다. 당시 부실화된 많은 국내 채권이 모건 스탠리, 론스타, 골드만삭스 등 외국의 대형투자 기관들에게 헐값에 팔리면서 국부 유출이 이뤄지는 과정을 지켜보면서 우리나라 사람들은 NPL이라는 개념을 알게 됐다.

이후 은행들이 SPC(특수목적법인)인 자산유동화 전문회사를 설립해 NPL을 일괄적으로 매각하는 체계를 갖추면서 일반인이 NPL에 접근할 수 있는 선택의 폭이 넓어지고 있다. 국내에서는 유암코(연합자산관리회사)와 우리 F&I(우리 AMC) 등이 대표적인 SPC로서 은행의 부실채권을 사들여 투자자들에게 판매하고 있다.

쉽게 정리를 해보자. 은행이 3개월 이상 연체되는 부실 대출금의 채권이 발생하면 이를 경매에 부친다. 이때 은행은 경매 과정을 거쳐 낙찰자가 생기기까지 오래 걸리면 금융기관의 회계기준을 맞추는 데 장애가 온다. 이를 피하기 위해 부실한 채권을 경매의 진행 과정 중에 일괄 매각하는데 이것이 바로 NPL이다.

은행 입장에서는 부실채권을 빨리 처리하기 위해 가격을 할인하는 것이지만, 이때 투자자 입장에서는 수익을 올릴 수 있는 틈새가 생겨난다. 가령 A라는 부동산을 100%의 시세대로 샀다고 가정하자. 보통 경매의 경우 A 부동산은 80%의 시세대로 샀을 때, 기대치가 충족된다. 만일 같은 부동산을 NPL로 투자한다면 시세의 60%로 산다고 생각하면 된다. 그만큼 NPL은 투자자 입장에서 수익성이 담보된다.

소유권 취득이 아니어서 취득세와 양도소득세 없어

NPL은 부동산의 소유권 취득이 아니라서 취득세, 등록세와 양도소득세의 과세대상이 아니다. 이러한 '절세효과'가 NPL의 강점이다.

직장인 F씨(42)는 2018년 6월 감정가 5억 원짜리 상가(현 시세 4억 5,000만 원)에 설정된 채권 최고액 4억 7,000만 원(채권원금 3억 6,150만 원)짜리의 1순위 근저당권을 3억 5,000만 원에 매입했다. 당초 F씨는 배당 수익을 노렸지만 경매가 2회 유찰되며 최저가가 3억 4,000만 원까지 떨어지자 방어 입찰을 통해 4억 1,000만 원에 직접 낙찰받았다. 낙찰대금과 근저당권을 상계 처리한 그는 4억 7,000만 원에 급매로 이 상가를 정리했다. 낙찰 당시 취득가액이 4억 1,000만 원이었기 때문에 6,000만 원이란 차익을 챙기고도 F씨는 양도소득세를 한 푼도 내지 않았다.

위의 사례에서 보듯 NPL을 취득한 F씨는 상가를 팔아서 생긴 소득에 대한 세금을 내지 않은 절세의 효과를 본 것이다. 사실 부동산은 취득 단계에서 취득세, 보유 단계에서는 종합부동산세, 재산세를 양도하는 단계에서는 양도소득세가 과세된다. 부동산은 세금과 친숙하다. 이러한 부동산 세금을 NPL로서는 피해 갈 수 있으니 큰 장점이라 하겠다.

좋은 물건 찾기 점점 어려워, 장기 관점에서 접근

NPL도 개인 투자자들이 몰리면서 시장에서 좋은 물건을 찾기가 점점 어려워지고 있다. 경매 물건과 마찬가지로 NPL도 명도나 임차인의 권리관계가 풀리지 않는 것 등의 어려움이 많다. 또한 1순위 근저당 채권자라고 해도 임금채권과 체납세금, 소액임대차보증금 등에 대해 순위가 밀리는 영역도 있는 만큼 투자에 유의해야 한다.

이 외에도 부동산 경매시장에서 일부 컨설팅 업체가 묻지마식 낙찰료 수수료 챙기기에 급급해 고가입찰 현상이 NPL 시장에 형성되는 경향을 보이는데, 투자자 입장에서는 매우 조심해야 한다. NPL은 단기적으로 욕심을 부리기보다는 장기적인 관점에서 경매의 프로세스도 잘 알고 접근해야 할 영역이라는 것을 명심해야 한다.

NPL 투자 방법

▪ 가격분석, 권리분석과 함께 배당표 작성법을 알아두자

▪ 유통구조별(투자구조별)로 채권매입 전략을 정하자
　예 : 론세일방식(채권양도, 근저당 명의 변경), 채무인수 방식 매입 등

▪ 배당 투자와 함께 가격상승 지역은 낙찰을 통한 1석2조로 접근한다

▪ 부동산과 금융 분야 지식이 충분한 전문가의 도움을 받는다

〈투자 시 유의사항〉

• 경매 낙찰자가 NPL 채권액보다 낮게 낙찰을 받아 손실이 발생하는 경우가 있다.

• 유찰이 거듭되면서 경매 일정이 길어져 금전이 묶이는 문제도 종종 발생한다.

• 부동산 NPL을 통해 배당을 받는 경우 소액 임차인의 최우선 변제금보다 돈을 받는 순위가 처진다.

• 경매집행비용 등을 감안하면 배당을 통한 차익이 온전히 손에 들어오지 않을 수도 있다.

• 경매의 위험성도 부동산 NPL 투자에 그대로 있으므로, 유치권 신고나 세입자 명도 문제 등에 대해 사전에 알아보고 대비해야 한다.

은행 경력 28년, 지점장 마치고 NPL 전력하는 E씨(60)

은행 지점장에서 명예퇴직한 E씨는 NPL 투자로 더 역동적인 삶을 살고 있다. E씨가 NPL을 알게 된 것은 은행 다닐 때 거래 손님이었던 P씨의 권유를 받고서이다. 이미 P씨는 NPL의 초창기 시절부터 투자를 해오던 터라 E씨는 그 과정을 보고 NPL에 대한 확신이 들었다. 또한 금융기관에 있다 보니 은행권 저당 채권에 대한 개념이 뚜렷하다는 것이 그가 NPL을 거부감 없이 받아들이게 된 계기가 됐다.

E씨는 튼튼한 저당권, 해당 부동산 물건의 건실함 외에도 국내 부동산 경기상황 및 동향 분석, 국내 실물경기 분석, 세계 경제상황 분석에 이르기까지 많은 요소들을 분석해야 제대로 된 투자가 된다고 믿고 있다.

실제로 그는 OO 저축은행의 부실채권에 투자해 투자기간 7개월 동안 37%의 수익률을 기록하는 등 NPL을 통해 많은 수익을 올렸다. 물론 실패 사례도 있다. 2017년 OO 저축은행의 아파트 부실채권을 투자했는데 채권 구입 당시보다 아파트 가격의 하락으로 마이너스 2% 정도의 손실도 맛보았다. 대내외적 변수의 중요성을 일깨워 준 실패 사례였다.

E씨는 이제 인생 2막의 방향을 확실히 잡고 있다. 당분간 NPL 투자로 수익을 모아, 월 단위 300~500만 원 정도의 상가 구입이 목표이다. 그에게 은퇴 이후 더욱 활기찬 동기를 부여하는 것이 NPL이다.

상가 리모델링을 통한 수익성 높이기

서울 동작구 흑석동에 위치한 한 조그마한 상가의 1층에는 카센터가 자리잡고 있었다. 건물주인 H씨(52)는 상가 1층 카센터 임차인과 재계약을 하지 않기로 했다. 카센터가 운영이 힘들다 보니 몇 개월 동안 임대료를 못내는 경우도 있어서 재계약 시 협의에 의해 계약해지에 이르렀다.

H씨는 새로운 임차인을 찾아다니면서 단골 부동산 중개인과 의논하다가 업종 변경, 즉 그 지역에 카페가 비교적 없다는 것에 착안해 카페 임차인을 물색하기로 했다. 요즘 대세인 카페를 희망하는 임차인이 쉽게 나섰고, 임차인 주도로 카센터 내부는 획기적인 리모델링을 한 후 아주 멋진 카페 공간으로 탈바꿈했다. H씨는 임대료의 걱정에서 해방된 것은 물론이고 새 임차인인 카페 사장도 제법 매출이 이뤄져 고무된 눈치이다. 주변에서는 H씨가 받은 상가 1층에 대한 권리금도 상당하다는 후문이다.

노후된 기존 상가를 리모델링을 통해서 개선하면 임대 수익 면에서 큰 효과를 볼 수 있다. 당신이 임차인 입장에 서 보자. 기왕이면 설비도 좋고 건물도 깨끗한 새 건물에 입주하고 싶은 게 임차인의 마음이지 않겠는가. 실제로 상가임대의 적인 공실의 경우 오래되고 깨끗하지 못한 시설이 원인일 경우가 많다.

상가의 노후화를 대비한 리모델링도 필요하지만 주변 환경의 변화에도 주의를 기울여야 한다. 주변 지역에 대규모 아파트촌이 들어서 상권이 확대돼 간다든가, 일부 주택가가 상업지역으로 더욱 변화한다든가 하면 리모델링은 더욱 필요하다.

상권분석에 따라 리모델링 방향 정하기

리모델링을 통한 수익성을 높이려면 건물의 효용가치를 제대로 따져야 한다. 따라서 건물이 위치한 주변 입지의 상권분석을 통해 리모델링 방향을 먼저 결정해야 한다. 업종 분포, 수요자 동선, 수요자층 등의 사전조사가 필수다.

최근 문화 거리로 젊은층의 대표 상권으로 부상한 홍대만 해도 단독주택을 개조한 상업공간들이 크게 증가하고 있다. 압구정동이나 혜화동, 방배동 등도 단독주택을 이색적인 카페 분위기로 만드는 리모델링이 한창인데, 기존 상권에서 확대돼 자연스레 생겨나는 현상이다. 이러한 상권분석을 먼저 하고 나서 리모델링의 방향을 정하라는 것이다. 상가 임대를 주려는 목적에 맞게 공간 구조와 동선 등을 살피고 어떤 용도로 구성할 것인가를 살핀다. 즉 임대하려는 용도가 식당인지, 카페인지, 일반 사무실 공간 등인지를 먼저 정하라는 것이다.

상가 리모델링 시 주의할 점

서울 삼청동에 있는 K 카페는 여러 가지로 반짝이는 아이디어가 돋보인다. 먼저 주된 자재들은 한옥에서 나온 헌 문짝이나 공사현장에서 나온 폐자재, 자동차 부품 등 폐품이나 재활용품을 이용했다. 현관은 철공소에서 남은 자투리 철조각으로 만들었다. 버려진 욕조나 과일상자는 화단으로 이용했다. K 카페의 자재 하나하나가 재미난 구경거리라 단골손님도 꽤 된다. 이처럼 상가 리모델링 시 반짝이는 아이디어를 갖고 임한다면 상업공간인 만큼 수요층에게 어필할 수 있다.

다만, 한 가지의 통일된 스타일은 중요하다. 10년 전 일본의 한 건축가가 콘크리트 위에 아무 마감도 하지 않은 노출 콘크리트 건물을 선보였는데, 이것이 히트를 쳐 일본에서는 물론이고 국내에서도 비슷한 건물이 많이 나타났다. 이러한 유행이 잘못된 것은 아니나 최소한의 통일된 스타일은 실패의 부담을 줄일 수 있다.

가끔 집 전체는 모던한 분위기로 꾸며 놓고, 가구는 호화로운 클래식 스타일로 들여 놓아 부조화를 이루는 모습을 본다. 이른바 '분위기 있는' 곳으로 만들기 위해서는 조화를 이룰 수 있는 센스가 중요하다.

비용을 아끼려다 결국 나중에 재공사를 하는 낭패를 주의해야 한다. 실제로 구조안전에 관한 점검 비용을 줄이려고 대충 했다가 만에 하나 안전 미비로 손님에게 가벼운 사고라도 나면 이것은 비용의 문제를 넘어선다. 당장의 이익보다 장기적인 전망을 세워, 고칠 부분은 완벽하게 손을 보고 넘어가는 것이 후회하지 않는 길이다.

건물의 용도변경 절차도 중요

개정된 건축법과 동법 시행령에 의해 건축주의 필요에 따라 건물의 용도를 변경하는 절차는 비교적 쉽다. 건축물의 분류는 시설군, 용도군, 세부 용도군으로 나누어지며, 시설군은 6개군, 용도군은 21개군으로 분류되고, 건물이 실제로 이용되는 세부용도군은 현재 1천여 종에 이른다.

각 시설군 사이를 뛰어 넘어 용도변경을 하는 경우에는 신고만으로 가능하며, 건축물 대장에 기재하는 경우는 용도군만 적으면 된다. 가령 '편의점', '콜라텍' 같이 세부용도를 일일이 기재하는 것이 아니라 '근린생활시설'이라고만 적으면 되는 것으로, 같은 용도군 내에서 건물 용도를 바꾼다면 별도로 건축물 대장을 고치지 않고도 쉽게 용도변경을 할 수 있다.

만일 해당 관청의 신고나 허가를 받지 않고 건축물을 용도변경하여 사용하다가 해당 관청에서 알게 되면 공사중지 명령이 나온다. 이를 무시하고 강행하면 과태료를 물어야 한다.

또한 공사가 완료되어도 건축물 관리대장 및 등기부등본에 증·

개축한 부분을 등재할 수 없다. 특히 법적 위반사항이 중대한 경우, 3년 이하의 징역이나 5천만 원 이하의 벌금을 물 수 있으니 주의해야 한다.

아버지에게 물려받은 상가를 리모델링한 Y씨(43)

돌아가신 아버지에게 왕십리 소재의 상가를 물려받은 Y씨. 그는 2년 전 상가 리모델링을 통해서 임대수익과 시세차익 두 마리 토끼를 모두 잡았다. 그가 리모델링을 고민하기 시작한 것은 주변에 새롭게 신축한 상가들이 들어서면서 자신의 단층 상가가 신축 상가에 비해 초라해 보이고 그에 따라 임대수익 감소와 임차인 구하기가 점점 어려워졌기 때문이다. 이때 Y씨가 선택한 방법이 바로 상가 리모델링이었다.

그런데 막상 리모델링의 필요성은 절감했지만 구체적인 실행에 옮기기는 힘들었다. 자신이 전문가가 아닌 입장에서 과연 자신의 상가를 리모델링한다고 해서 투자비용을 넘어서는 임대수익이 나올 것이라는 자신이 없었다. 그때 우연한 계기가 찾아왔다. 5년째 동네 수영장을 다닌 Y씨의 고민을 듣고 수영장 회원 중 한 명이 건축 디자이너 P씨를 소개시켜 준 것이다.

그는 단숨에 P씨에게 전화를 걸어 만나자고 했다. 식사를 하면서 고민을 들은 P씨는 일단 상가를 보자고 제안했다. 상가를 직접 본 P씨는 충분히 가능할 것 같다는 긍정적인 답을 주었고 Y씨는 그제야 마음이 놓였다.

Y씨의 단층 상가 리모델링은 일사천리로 이뤄졌다. 각 구분 상가마다 특성에 맞춰 독특한 외관을 만들었다. 또한 건축 디자이너의 조언에 따라 고급스런 실내조명을 사용해서 포인트를 주었다.

그 결과 리모델링이 끝나자 임대 문의를 하는 사람들이 늘어나기 시작했고, 그 거리에서 Y씨의 상가에 대한 입소문이 돌기 시작했다. 임대도 순조로워 기존에 매월 200만 원 받던 월세수익이 350만 원으로 증가했다. Y씨가 리모델링에 든 총 비용은 3천700만 원. 작은 금액은 아니지만 리모델링 효과로 매월 150만 원의 추가 수익이 생겨 Y씨는 무척 행복하다. 임대수익이 오르니 시세도 올라 꿩 먹고 알 먹은 상가 리모델링이었다.

SECTION 8

생각을 바꾸면
나도 빌딩부자가 되는 부동산 리츠

K씨(59)는 은퇴를 앞두고 퇴직금을 어디에 투자해야 할지 고민이 많았다. 평소 부동산 투자에 매력을 느꼈지만 직접 투자하려면 많은 투자금이 필요해 실행할 엄두를 못낸 것이다. 그는 직접 부동산에 투자했을 때 임대를 놓아야 하고 건물을 관리해야 한다는 점이 아무래도 부담스러웠다.

그런데 K씨는 비교적 적은 투자금으로 간편하게 부동산에 투자할 수 있는 방법이 있다는 사실을 알게 됐다. 부동산 리츠가 바로 그것. 그는 리츠에 투자해 매년 꾸준한 배당금을 받고 있다. 이러한 리츠는 높은 배당수익률로 노후를 위한 투자로서 각광받고 있다. 보통 리츠의 많은 부분이 오피스에 투자하고 있는데 일정 기간 동안 발생할 수 있는 임대료 예측이 가능해 안정적인 수익을 올릴 수 있기 때문이다.

리츠(REITs : Real Estate Investment Trusts)는 부동산 투자회사가

설립되면서 갖고 있는 실물 자산을 기반으로 증권을 발행하면 투자자들이 해당 증권을 취득하는 형식을 갖는다. 만약 A라는 리츠에서 2천억 원의 부동산 투자회사를 설립하고 주식을 발행했다면, 투자자는 해당 부동산 투자회사가 갖고 있는 실물자산을 분석해 해당 회사가 발행한 증권에 투자할 것인지를 결정하게 된다.

배당률은 높고, 전문가의 지원받는 효과가 장점

리츠의 장점은 많다. 먼저 주식과 비교해서도 높은 배당률을 받을 수 있다. 리츠는 배당 가능 이익의 90% 이상을 배당받을 수 있다. 법인세 역시 감면받을 수 있어 유리하다. 보통 주식의 배당률이 3%에 못 미친다고 볼 때 리츠의 배당률은 경쟁력을 갖고 있다.

리츠의 수익은 부동산 임대수익을 기초로 한다. 유동성이 낮은 부동산의 특성상 가격 변동이나 임대수익의 변동성이 주식보다 현저하게 낮아 일정 수준의 수익이 지속적으로 유지되는 속성이 있다. 이 외에도 리츠는 물가가 상승해 임대료가 오르면 배당 역시 더 많이 받을 수 있는 부가 혜택이 존재한다.

한편 리츠는 전문가의 지원을 받는 효과를 얻을 수 있다. 리츠 투자는 부동산 투자회사를 설립하는 전문투자기관이 책임지고 관리하기 때문에 간접적으로 전문가의 지원을 받는 효과를 얻을 수 있다. 이처럼 전문가의 지원을 받을 경우 자산을 최대한 효율적으로 관리할 수 있을 뿐만 아니라, 위기 상황에서 안정적인 수입확보가 가능하고 매각에 따른 번거로움도 해소될 수 있다.

리츠란 부동산 투자회사의 주식

리츠의 장점에도 불구하고 부동산 은퇴설계자 입장에서 신중한 접근이 필요하다. 2006년 리츠 펀드에 대해 국내 금융회사들이 장밋빛 전망만을 제시하며 과도한 투자를 이끌어 낸 바 있다. 당시 일시에 자금이 몰리면서 수익률 하락으로 이어졌다. 시간이 지난 후 리츠 가입자들이 환매를 신청, 매물이 더 쏟아지면서 수익률을 더욱 떨어뜨린 악순환이 발생했다.

이 사례는 리츠의 한 단면을 말해주기도 한다. 리츠는 더 세부적으로 이야기하면 부동산 투자로 임대업을 하는 부동산 투자회사의 주식을 사는 것이다. 이 점을 리츠 투자자들은 명심해야 한다.

소액 투자로 리츠에 접근해야

리츠의 리스크와 수익은 쉽게 말해 주식과 채권의 중간 정도라고 볼 수 있다. 리츠는 부동산에 투자하는 특성이 있다. 부동산은 기본적으로 채권과 주식의 속성을 모두 가지고 있다. 임대료는 꾸준한 현금 흐름이라는 점에서 채권의 이자와 비슷하다고 볼 수 있고, 부동산 가격의 변동성은 주식과 유사한 자본손익 구조를 가졌다고도 볼 수 있다.

이러한 속성을 지닌 리츠 투자 시 특히 은퇴설계자들은 자신의 투자 방식에서 소액으로 포트폴리오를 짜는 것이 좋다. 한두 상품에 몰빵하는 것은 좀 도전적인 투자 방식이어서 노후를 대비하는 은퇴설계자들의 투자방식과는 거리가 있다.

리츠의 또 다른 장점 중 하나는 물가상승에 대한 방어 효과가 있다는 것이다. 빌딩 건축에 사용되는 노동력과 자재비용이 인플레이션을 따라 오르기 때문에 부동산 자산가치는 물가상승에 밀접하게 반응한다. 임대료의 경우 장기 고정률 임대를 조건으로 하는 부동산은 물가상승과 별 상관이 없겠지만, 단기 임대 계약인 부동산들은 인플레이션에 민감하다. 물론 늘 그런 것은 아니다. 가령 2000년대 초반 인터넷 버블 이후 미국에서 오피스 공간에 대한 수요가 감소하면서 물가상승에도 불구하고 부동산 가격이 하락한 적이 있었다. 그러나 이런 예외적인 상황이 아니라면 일반적으로 부동산은 물가 수준 변화에 반응하는 매력적인 특성을 보여준다.

리츠 투자 방법

- **전체적인 부동산 시장의 동향을 파악하자**
  투자 대상인 실물 부동산에 대해서도 분석한다.

- **운용회사의 실적과 어떤 상품에 투자하여 어떻게 수익을 낼지, 투자 설명서를 꼼꼼히 검토한다**
  리츠는 주식시장에 상장되어 거래가 가능하다.

- **중장기적인 관점에서 투자에 접근하자**
  순수 금융상품과 달리 실물자산의 성격이 강하므로 여유자금으로 투자한다.

부동산 리츠로 수익본 N씨(48)

"주식형 펀드는 순식간에 원금을 날릴 수도 있고, 채권은 수익률이 낮아 내키지 않고…."

여유자금을 어디에 투자해야 할지 고민이던 N씨는 부동산 투자에 눈을 돌렸지만 '실탄(현금)'이 부족해 고민스러웠다. 직접 부동산에 투자하려면 상대적으로 큰 자금에 임대에서부터 건물관리까지 골치를 앓아야 한다는 점도 부담이었다. 이러한 N씨는 소액 투자로도 대형 부동산에 투자할 수 있는 방법을 알게 됐고, 지금은 높은 배당금에 대한 기대에 부풀어 있다. 바로 리츠에 투자했기 때문이다. 그가 투자한 곳은 C 리츠. 액면가 대비 4개월 후 약 12~14%의 실질배당을 받았고 앞으로도 매년 액면가 대비 6~10%의 지속적인 실질배당이 가능하다.

그가 리츠를 실제로 경험해 본 결과, 자본력이 취약한 개인투자자들도 간접투자로 큰 부동산을 살 기회를 얻을 수 있다는 점이 장점이었다. 또한 부동산 운영 수익과 가치상승에 따른 수익을 분배받을 수 있는 것이 메리트였다. 앞으로도 그는 변동성이 너무 심한 주식보다는 수익률이 높고 안정적으로 배당수익을 얻을 수 있는 리츠 투자를 계속할 계획이다.

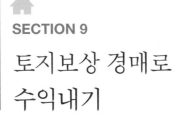

SECTION 9

토지보상 경매로
수익내기

금강산 관광이 한창 이뤄질 때 강원도 고성 지역에서 토지를 경매로 낙찰받은 F씨. 그는 $10,360m^2$의 땅을 2천만 원에 낙찰받았다. 고성 지역의 바닷가 뒤편, 맹지에 가까운 땅을 경매로 확보한 F씨는 정부로부터 보상을 받았다. 그 땅을 가로지르는 도로가 나기 때문이었다.

　먼저 조경수 중에 최고로 가치가 있는 적송이라 불리는 빨간 소나무를 보상받았다. 또한 언덕에 있는 흙과 다른 토지를 보상받았다. 2천만 원 투자가 20억의 부가가치로 바뀐 것이다. 토지보상 경매로 F씨는 100배의 수익을 올렸다.

　경매를 통해 낙찰을 받는 부동산은 다양하다. 단독주택이나 아파트와 같이 주거를 할 수 있는 부동산에서, 상가와 오피스텔과 같은 수익형 부동산에 이르기까지 무수하게 많다. 그중에서도 토지를 입찰받아 이를 보상받는 토지보상 경매가 있다.

땅만큼 풍요로움을 가져다주는 부동산은 없다. 주식 투자로 망했다는 사람은 보았지만 땅 투자로 인해 결정적인 리스크를 얻은 경우는 거의 없다. 토지 투자의 안정성은 크다. 특히 토지를 경매로 입찰받아 보상을 얻는 경우 짭짤한 수익을 내는 경우가 있다.

우리나라는 법률로 공공의 목적을 위해 개인 토지를 수용할 때 개인에게 이에 따르는 보상을 해주어야 한다. 토지보상 경매는 이러한 법적인 테두리에서 접근할 수 있다.

입찰 후 토지보상협의 계약으로 수익 내

30대 후반의 V씨는 평소 부동산 경매에 관심이 많았다. 하루는 경매 물건을 검색하다가 경남 함안군 대산면의 한 토지가 개별 사건으로 경매된다는 사실을 알았다. 그는 이 토지가 함안군에서 시행하는 '악양근린공원'에 편입된 것으로 소유권 이전을 전제로 즉시 보상협의계약을 체결할 수 있다는 것을 파악했다.

이렇듯 자신에게 소유권만 이전하면 바로 보상협의계약을 체결할 수 있다는 사실을 확인하고 응찰을 결심했다. 입찰 결과, 그가 최고가 매수 신고인으로 호명됐다. 그는 기쁨에 긴장도 풀렸지만 마음을 놓을 수 없었다. 다음 과제는 농지취득자격증명원을 발급받는 일이었다. 바로 관할 면사무소로 달려가 농취증을 신청하고 마산지원 근처 법무사를 찾아가 상담을 하고 소유권 이전등기를 마쳤다.

V씨는 등기에 잉크도 마르기 전에 사업시행자인 함안군청에 전

화를 걸어 보상협의를 하겠다고 통보했는데, 보상협의가는 기본 세금을 제외하고 500만 원의 수익이 생겼다. 수익을 올린 V씨는 토지보상 경매에 대한 자신감이 붙었다.

땅에 대한 이해도를 높여라

토지보상 경매 시에도 경매제도에 대한 기본적인 이해가 필수다. 경매 시 물건분석을 잘하려면 현장을 반드시 찾아 정확한 시세와 권리관계를 파악해야 한다. 특히 토지보상 경매는 토지 수용과 보상이라는 절차가 있기에 사전에 철저한 대비가 있어야 한다.

토지보상 경매에서는 땅에 대한 이해도가 높아야 한다. 수익성이 높은 땅은 반드시 도로가 있는 땅을 확보해야 한다. 또 주변에 생활편의 시설이 가까운 곳에 위치해야 한다. 또한 땅의 개발 가능성을 따져 보아야 한다. 땅은 개발호재로 먹고 살기 때문에 개발계획이 많은 땅이 좋은 땅이다. 투자한 땅에 대한 개발 가능성과 주변에 개발호재의 유무에 따라 땅의 가치가 달라진다. 투자한 땅의 입지여건은 물론 주변 지역이 개발되고 있거나 장래에 대규모 관광 또는 택지 개발 등이 예정돼 있으면 아주 좋은 호재이다. 토지보상 경매 시에도 이러한 땅의 속성을 알고 대처해야 한다.

농취증 발급 유무 미리 확인해야

입찰 전 하자를 파악하지 않고 낙찰받았다가 낙찰자가 덤터기를 쓸 수도 있다. 부동산이 깔고 있는 토지가 국·공유지이거나 일부 남의 땅인 경우 그 토지에 대해 별도의 대금을 치르고 매입해야 할 수도 있다. 또 토지가 농지일 경우 반드시 '농지취득자격증명'을 발급받아야 한다. 농취증은 농지의 소재지를 관할하는 시, 구, 읍, 면 장에게 신청해서 발급받을 수 있다. 위장 취득 혹은 투기 목적이 아니라면 그리 까다롭지 않게 발급받을 수 있다. 단 일정 자격에 부합하지 않을 경우 발급이 거절될 수 있기 때문에 미리 농취증을 발급받을 수 있는지 확인한 후에 경매에 참여해야 한다.

택지개발지구(혁신도시 포함) 투자 방법

- **쉼터(주거지), 일터(업무지), 놀터(상업지) 중 역세권과 놀터에 가까운 곳에 접근한다**
  세종시의 경우는 행정타운 인근으로 접근한다.

- **신도시 개발속도(기반시설 및 핵심시설 신축 속도)에 따라서 가격상승률이 커진다**

- **신도시, 택지개발 → 도심재생으로 정책변화가 진행 중이다**
  수도권 신도시 인근은 공급이 대폭 축소될 전망이다.

- **단독 택지투자와 핵심 위치 아파트, 상가지역 1층 랜드마크에 따라서 주위 가격을 예측한다**
  단독 택지투자 계산법 : 토지 + 건축비 + 각종 비용 = 향후 시세의 70%로 접근하기 = 평균수익률 10%~14% 접근법

토지보상 경매로 수익 낸 T씨(51)

개인 사업을 하는 T씨는 2억 원의 여윳돈이 있었다. 그래서 부동산 경매물건에 관심을 두기 시작했다. 검색만 하고 실제 투자의 경험이 없던 그는 지인의 소개로 개발 지역의 경매물건을 낙찰받아 보상을 받은 경험이 있는 사람을 소개받았다. 또한 토지보상 경매에 관한 자료를 공부한 후에 조심스레 충남 보령시 오천면에 소재한 임야를 찍었다.

그 지역은 H 건설회사가 공장을 짓다가 공사가 중단된 상태에서 토지만 경매에 나온 것이다. 법원 경매 감정가는 12억 원이고 1회 유찰돼 최저 경매가가 8억 4,000만 원으로 떨어졌다. 그러나 T씨가 가진 자금으로는 엄두도 내지 못할 금액이었다. 그런데 이 임야는 GS 칼텍스가 시행하는 영보산업단지에 편입돼 보상이 진행 중인 상태여서 대출을 이용한다면 T씨의 투자금으로도 낙찰받을 수 있는 기회가 됐다. 소유권 이전 후 바로 협의보상을 체결할 수 있는 사실을 몇 차례 확인한 후에 그는 단독 응찰 후 낙찰받았다. 이 물건으로 대출받은 것은 7억 7,000만 원이었고 취득세 및 대출 관련 비용을 합해 2억 원의 투자 비용을 들여 소유권 이전등기를 완료했다.

등기가 되자마자 영보산업단지 위탁 보상업무를 담당하는 LH 공사에 연락해 소유자로서 협의보상계약 체결을 추진했다. T씨의 협의보상 금액은 11억 9,000만 원. 그는 소유권 취득을 위한 제세공과금 및 대출비용, 양도소득세까지 모든 비용을 공제하고도 당장 6,700만 원이라는 큰 수익을 냈다. T씨는 경매 초보자였지만 토지보상 경매라는 투자 방법을 적극 활용한 덕분에 수익을 낼 수 있었던 것이다.

땅을 경매로 구입할 때 주의사항

1. 토지 공부 서류는 반드시 직접 확인하라

토지이용 계획 확인원·토지대장·지적도·개별 공시지가 확인서, 부동산등기부(등본) 등은 직접 확인해야 한다. 토지이용 계획 확인원의 확인 내용 중에서 농지 난에 진흥구역이나 보호구역 표시가 없는 진흥구역 밖의 토지가 관리지역으로 개발이 쉽고 땅값 상승 폭이 커 투자가치가 높은 땅이다. 농림지역이면서 농업진흥구역은 절대농지여서 개발이 쉽지 않고 땅값 상승 폭도 크지 않다. 지목이 산지(임야)인 경우는 산림 난에 보전임지가 표시되어 있으면 개발 허가가 어렵다. 땅을 조사할 때 전·답이 농림지역이면서 농지 난에 진흥구역으로 되어 있거나, 임야는 산림 난에 보전임지일 경우는 한마디로 개인이 개발하기 힘들고 땅값 상승 폭도 작으며, 투자 가치가 떨어지기 때문에 꼭 확인한 후에 매입해야 한다. 땅은 부동산 중 개별적인 규제가 가장 많은 종목이다. 본인이 투자목적으로 토지를 구입하였다 하더라도 본인 맘대로 개발할 수 있는 상품이 아니다. 그렇기 때문에 반드시 지적도, 토지이용 계획 확인원 등의 공적인 서류를 통하여 구매목적에 맞게 활용할 수 있는지의 여부를 따져보아야 한다.

2. 호재가 겹치는 곳을 주목하라

부동산 투자의 초보자는 일단 호재가 겹치는 곳에 우선 주목해야 한다. 도심뉴타운과 그 인근의 지분 투자, '신도시+기업도시', '신도시+혁신도시', '전철 개통+기업도시', '고속도로 개통+기업도시', '전철 개통+혁신도시', '고속도로 개통+혁신도시', '도로 개통+기업도시', '도로 개통+혁신도시' 등이다. 판교, 화성, 동탄, 김포, 파주의 5대 신도시와 '기업도시', '혁신도시', '행정중심도시', '제주국제자유도시', '인천송도국제자유도시', 영종도와 그 인근으로, 수요가 지속되는 이 땅들은 초보 투자자의 위험부담을 획기적으로 줄여준다.

3. 땅값은 새로 날 길을 따라 상승한다

접근성과 유동성이 좋아지면 투자가 활성화되게 마련이다. 따라서 개설되거나 개설 예정인 고속도로나 국도 인근의 지방 토지·임야는 확실한 투자처이고, 땅값이 오를 수밖에 없다. 호재가 겹치는 곳에서 보았듯이 새로 개통되는 고속전철역 주변의 토지가격 상승을 보면 금방 이해되고, 서해안고속도로나 중앙고속도로나 신설 국도 개통 지역 주변의 땅값 움직임을 보면 알 수 있다. 경전철·도로 개통은 주민의 생활 반경을 확대시킨다. 신설 예정인 경춘고속도로 인근의 땅값 상승이 그 증거이다.

4. 그린벨트 해제 대상지에 선점 투자하라

도시의 무질서한 양적 평면 팽창을 막기 위하여 영국의 그린벨트와 유사한 형태로 개발제한구역을 두고 있다. 이러한 개발제한구역은 전 국토의 약 5.5%에 이른다. 그러나 점점 이러한 규제가 완화되고 있고, 이러한 현상은 계속될 전망이다. 특히 20가구 이상의 취락지역이고, 보호 가치가 없는 지역 등을 우선적으로 염두에 두어야 한다.

5. 개발 예정지의 인근 지역을 찾아라

택지조성은 정부가 추진하는 가장 정확한 개발 정보이고, 또한 각 지자체가 지정하는 개발예정 용지 인근 지역도 투자 유망 지역으로 성공 가능성이 높다. 토지공사 등 정부기관이 대규모로 개발하거나 개발을 예정하고 있는 주변의 토지·임야의 구입은 성공투자를 약속한다. 그동안 땅값 상승이 컸던 지역을 보면 택지지구 주변, 공단조성 지역은 평균 이상으로 상승한 것을 알 수 있다.

6. 지렛대가 안 통한다. 여유자금으로 투자하라

단기 거래를 목적으로 이 종목에 투자하여 성공한 분들도 간혹 보지만 그것은 그저 운이 좋아서일 뿐이다. 땅 투자는 잠깐 쉬는 자금으로는 임야 등 지방 부동산에는 투자하지 않는 것이 원칙이다. 이자를 주고 빌려서 하는 투자는 더 더욱 해서는 안 된다. 또한 임야 등의 경우 은행 등에서는 잔금 융자를 안 해주는 것이 보통으로 자금 계획도 사전에 충분히 세워야 한다.

7. 투기가 아닌 투자의 마인드로 임하라

무리한 투자는 금물로 분수에 맞는 투자가 기본이다. 덩치가 큰 땅을 찾기보다 자신의 자금 동원 능력을 감안하여 투자하는 자세가 필요하다. 특히 초보자는 남의 말만 믿고 투자했다가 원금을 회수하지 못하거나 투자금을 날리는 사례도 있다. 소위 '기획부동산'의 전화부대에 의한 부동산 구입은 절대 금물이다.

8. 자신의 판단으로 투자하라

남의 말만 믿고 잘 알지도 못하는 지방의 토지에 투자하는 분들도 있다. 정확한 정보를 바탕으로 한 정석투자만이 성공할 수 있다. 개발업자나 지역의 부동산 중개업자 등이 토지주와 결탁하여 근거 없는 개발계획을 유포시키는 경우가 있는데 지역 언론 등이 들러리가 되어 주기도 한다. 이런 곳을 가면 그 지방에서 발간되는 신문 등이 비치되어 금방이라도 개발이 진행될 것처럼 외지인을 현혹하는 경우가 많은데, 이처럼 떠도는 개발정보나 뜬소문을 조심해야 한다.

9. 땅은 시간과의 싸움이다

땅 투자로 성공하는가, 실패하는가, 또 얼마의 수익률을 달성할 수 있는가, 하는 것은 시간과의 싸움에서 누가 오래 견딜 수 있느냐는 점이라고 생각한다. 차분하게 기다릴 수 없는 이유들이 있는 투자자라면 땅에 대한 미련은 접으라고 당부하고 싶다. 부동산에서 환금성이 낮다고 할 때 열거되는 가장 대표적인 종목이 바로 토지·임야이다.

10. 공부와 현황이 일치하는지 살펴라

지방 임야의 경우 지번이나 현황, 형상, 심지어 면적이 일치하지 않는 경우도 자주 있다. 지목에는 답으로 되어 있으나 현황은 전으로 사용되기도 하고, 현황은 전·답으로 되어 있으나 잡종지나 대지로 사용되는 경우도 흔하게 볼 수 있으며, 심지어는 면적이 차이가 나서 추후에 분쟁이 발생하는 경우도 보게 된다.

11. 도시계획을 눈여겨봐라

각 지자체가 세우는 해당 도시의 도시계획은 개발 방향의 밑그림으로 향후 그 도시의 모습을 엿볼 수 있는 유익한 정보다. 최근 서울시가 발표한 '도시기본계획' 등이 그것이다. 그러나 그 지역 언론을 통해 발표되는 개발계획이나 도시계획은 액면 그대로 믿지 말고, 해당 관청에 확인할 때도 전화로 하지 말고 반드시 방문해서 확인해야 한다.

12. 투자기간과 수익률은 비례하지 않는다

땅은 주변의 변화에 의해 가치 상승을 보는 시기가 필요한데 초단기 3~6개월, 단기 2~4년, 중기 5~8년, 장기 10년 이후로 보면 된다. 땅은 개발순위가 바뀌는 등의 리스크가 있지만 주식처럼 잘못되면 한 줌의 쓰레기로 변하는 경우는 없다. 즉 절대 망하지는 않는다.

13. 분쟁에 휘말릴 수도 있다

지방의 땅에 투자할 때 가장 골치 아픈 것이 이 부분이다. 권리 없는 자로부터 매수, 매도자의 악의적인 2중·3중 매매, 잔금을 지불하고도 소유권 이전이 아예 되지 않거나, 당초 계약과는 다르게 이행되는 등 토지·임야와 관련한 민·형사상 소송이 끊이질 않는다. 소유권 취득 이후에도 소유권 이전 무효 청구 소송이 제기되는 경우도 다반사이다. 또한 시골 땅을 낙찰받을 때 주의할 점은, 텃세를 어떻게 극복할까도 반드시 점검해야 한다. 외지인이 낙찰로 소유권을 취득하는 것을 즐거워할 시골 사람은 아무도 없다. 토지나 임야는 주택 등과 달리 권리 관계가 복잡하다. 법정지상권, 분묘기지권, 지역권, 지상권, 공유지분 등으로 공부상(등기부등본) 권리 관계만 믿어서는 안 된다.

14. 타이밍도 계산하라

대규모 택지개발 예정지역 등 땅값이 급등하거나 급등 가능 지역은 정부가 토지거래허가구역으로 지정한다. 어떤 지역의 개발계획이 예상되면 외지인들이 매수 세력에 가세하면서 토지가격이 단기간에 급상승하기 시작하고 냉정한 판단 없이 후발세력이 추가로 가격을 상승시키는데, 이때가 가장 위험하다.

15. 공동투자도 한 방법이다

소액투자자들이 구입에서 개발까지를 염두에 두는 투자는 현실적으로 쉽지 않은 것이 사실이다. 그러다 보니 아직까지는 가격 차이를 이용하여 수익을 올릴 수 있는 방법이 대부분으로, 소액투자자들은 공동투자·공동등기를 하는 경우가 많다. 즉 공동의 투자자금을 모아서 공유지분을 가지고 향후에 이익을 공동으로 나누어서 배분받는 형태의 투자를 선호한다. 경매법의 개정으로 공동투자가 얼마든지 가능하게 되었다.

수익형 부동산의 틈새시장,
지식산업센터

지식산업센터가 꾸준하게 인기를 끌면서 사업장으로 선택하는 중·소기업들이 크게 늘고 있다. 1990년대 초반에는 아파트형 공장이란 이름으로 구로·가산, 영등포, 강서, 성수동 등에 지어졌다. 최근에는 공장이라는 인식이 사라졌고 몇 년 새 주변 개발에 교통이 개선되면서 의왕, 안양, 군포 등 수도권 서남권에서 수도권 전반으로 공급이 확대되고 있다. 그러다 보니 은퇴설계를 앞둔 이들에게 틈새 부동산으로 주목받고 있다.

이른바 아파트형 공장이라고도 불리는 지식산업센터는 동일 건축물에 제조업, 지식산업, 정보통신산업 지원시설이 입주할 수 있는 다층형 집합 건축물로, 3층 이상이며 6개 이상의 공장이 입주할 수 있는 건축물을 일컫는다.

임차인 대상이 기업, 관리 면에서도 수월

지식산업센터는 법인들이 장기임차를 선호하는 만큼 타 수익형 부동산에 비해 안정적인 임대수입을 올릴 수 있다.

오피스텔이나 상가의 경우 임차인이 개인일 경우가 많다. 만일 골치 아픈 개인을 만날 경우 임대료 수익 면에서 걱정스러운 면이 있다. 하지만 지식산업센터는 기업을 임차인으로 두고 있어서 보다 안정적인 임대료 확보 면에서 유리하다.

관리 면에서도 지식산업센터는 장점이 있다. 화장실의 경우 공용으로 사용하고, 산업용 전기, 수도 등 모든 임차인의 사용 구역이 대규모적이어서 개개의 관리가 필요치 않다. 자연스레 임대인 입장에서 관리에 크게 신경 쓸 일은 없다.

투자자 입장에서 분양가 역시 타 수익형 부동산보다 싸다. 수도권 지역의 지식산업센터의 경우 $1m^2$당 400~500만 원 정도면 분양을 받을 수 있어서 적은 투자금으로 접근해 볼 수 있다. 대출 역시 타 부동산보다 많이 받을 수 있다는 점도 소액 투자자에게 장점이다.

규제 풀려 전망 좋아, 환금성 낮은 것은 단점

지식산업센터는 만일 거주자인 기업 등이 분양을 받으면 세금 면에서 유리하다. 지식산업센터는 분양권 전매규제나 청약통장에서 자유롭고, 입지 등에 따라 수익률이 높아 투자자들의 관심이 높아지고 있다. 게다가 지식산업센터 분양자에게 각종 금융·세제 혜택을 준다. 취득세 75% 면제, 재산세와 종합토지세 5년간 50% 감면을 받을 수 있다. 또 분양금액의 70%까지 융자지원 및 3년 거치 5년 상환의 금융 혜택도 주어진다. 건설사들도 계약 조건으로 계약금 5~10%에 중도금 무이자, 잔금 60% 등 아파트나 오피스에 비해 완화된 조건을 제시하고 있다.

지식산업센터에 투자할 때는 우선 입지 여건을 살피는 것이 무엇보다 중요하다. 대부분의 지식산업센터는 교통 접근성이 우수해 지리적인 우위성을 따지는 것이 필요하다. 또한 자가운전 접근이 쉽고 입주 직원뿐 아니라 방문객이 쉽게 찾아올 수 있는 곳이면 좋다. 임대 사업의 안정성도 고려해야 하는데, 지식산업센터는 장기 계약이 가능하다는 장점이 있으나 한 번 공실이 생기면 면적이 넓어 손실이 크다. 이에 따라 공실 위험을 낮출 수 있는 전략이 필요하다. 이를 위해 신생 업체보다는 지난 3~5년간 매출을 꾸준히 낸 업체에 임대하는 것도 한 가지 방법이다.

여하튼 상품 특성상 다량 공급이 어렵고 환금성이 높지 않아 수익형 부동산의 주류로 간주하기 어려운 점은 투자자 입장에서 주의를 해야 한다.

수익형 부동산 투자 및 관리 방법

- **성장하는 상권을 선택해야 한다**

  얼마든지 임대료를 올릴 수 있는 장점이 있다. 장사가 잘되고, 임차인이 상가를 서로 달라고 하니 당연히 매매가격과 임대료가 올라간다.

- **구입능력과 관리능력을 함께 가지고 있어야 한다**

  수익형 부동산을 관리하지 못하면, 고생형 부동산으로 바뀔 수 있다. 어느 빌딩 주인은 '임대료 못내는 임차인이 가장 무섭다'고 얘기한다.

- **수익형 부동산의 건물 가격은 수익률에 따라 달라진다**

  수익률 계산 시에 10개월을 순수 수익률로 계산하여 매물을 선택해야 한다.

  1층 상가 수익형 매물은 5% 수익률 목표, 일반 원룸건물은 8% 이상을 목표로 잡아야 한다. 관리하기가 더 힘든 원룸건물의 수익률이 높아야 하는 것은 당연하다.

- **5년 이내의 신규매물 등을 구입해야 임차인을 구하기 쉽다**

임대료 수익과 매매차익도 얻은 Y씨(46)

Y씨는 2012년 앞으로의 노후를 생각하다가 지식산업센터 분양을 받아 임대사업을 하기로 마음먹었다. 그가 택한 곳은 서울 금천구의 지식산업센터인 대성디폴리스. 아무래도 서울이라는 입지가 임대를 할 때 장점이 되리라는 판단이었다. 당시 분양가는 1㎡당 480만 원대. 그는 264㎡(80평)를 분양받았는데, 일부 대출을 받고 4억 원을 투자했다.

그는 곧 분양받은 사무실을 3개의 오피스로 나눴다. 한 번에 임대할 경우 280만 원에서 300만 원이 임대료였는데, 이를 3개로 나눠 각각 120만 원을 3개 개인회사로부터 받았다. 총 360만 원 임대료 수입을 받다 보니 대출금 이자를 갚고도 수익성이 높았다.

Y씨 입장에서는 관리 면에서도 크게 신경 쓸 일이 없었다. 화장실도 공용이고, 전기 역시 상업 전기로 들어와 관리에 크게 신경 쓸 일이 없었다. 그리고 2년 만에 Y씨의 대성디폴리스는 1㎡당 매매가가 620만 원까지 올라 상당한 매매차익도 확보했다. 그에게 지식정보센터는 임대료 수익과 매매차익, 꿩 먹고 알 먹은 수익형 투자로 쏠쏠한 재미를 가져다주었다.

PART 3

거주형 부동산
은퇴설계

거주형 부동산 은퇴설계를 테마로 주택연금, 상가주택,
재개발 지분투자, 입주권 투자, 농가주택, 펜션 사업, 게스트
하우스, 임대주택 등, 거주하며 수익을 낼 수 있는 부동산
은퇴설계 요령을 소개한다.

똑똑한 집 한 채,
열 딸 부럽지 않은 주택연금

부동산 세미나를 마친 후 근심 어린 표정을 한 중년 남자 J씨(59)가 다가와 조심스레 물었다.

"저, 제가 재산이라고는 서울 광장동에 4억 원 정도의 단독주택이 있는데, 현재 무직 상태라 팔아서 프랜차이즈라도 해보려고요. 집을 팔 수 있는 방법을 좀 알려 주실래요?"

무직인 J씨의 고민을 듣고 필자는 그 자리에서 바로 주택연금을 제안했다. 4억 원의 주택이라면 2018년 2월 기준 139만 3,660원의 연금이 지급되기에 불확실한 프랜차이즈 사업에 투자하는 것보다는 월 단위의 연금을 받고, 또 다른 안정적인 인생이모작을 위한 직업을 구하는 것이 보다 효과적인 은퇴설계 전략이 아닌가 해서 조언한 것이다. 설명을 들은 J씨의 얼굴에 한 가닥 미소가 보였다.

노후에 주거생활 안정은 매우 필요하다. 전월세의 경우 잦은 이사로 주거가 불완전할 수 있으므로 은퇴 이후 노후생활은 주거가 일정할 필요가 있다. 한 곳에 정착해 주거하면서 자신이 소유한 주택을 활용해 연금을 타는 방법이 주택연금이다.

주택연금은 단어 그대로 고령자들이 주택을 금융기관에 담보로 맡기고 매월 생활비를 타서 쓰는 연금상품이다. 주택을 담보로 생활비를 빌려 쓴다는 뜻에서 '역모기지 대출'이라고도 불린다.

주택연금은 점차 인기가 오르고 있다. 한국주택금융공사에 따르면 2017년 10월 21일 기준 주택연금 가입자 수(누적)가 총 4만 5,300명에 이른다고 밝혔다. 공사 측은 최근 들어서 월 평균 500여 명의 신규 가입자가 등록되는 추세라고 이야기할 정도이다.

사실 주택연금이 도입된 2007년 무렵의 '성적표'는 무척 초라했다. 2007년의 신규 가입자 수는 515명, 2008년 695명에 그쳤다. 그러나 이후 증가 속도에 탄력이 붙었다. 2009년 1,124명에서 2010년 2,016명으로 두 배 가까이 껑충 뛰더니 2011년 2,936명, 2012년 5,013명, 2013년 5,296명으로 10년 새 20배나 증가했다. 최근에는 더욱 늘어나고 있다. 2015년 3065명, 2016년 5,317명, 2017년 5,942명으로 증가 추세다. 증가 속도도 점점 빨라지고 있다. 주택연금 시행 후 첫 1만 번째 가입자가 나오기까지는 5년여의 시간이 걸렸으나, 3만에서 4만으로 가입자가 느는 데는 11개월 걸렸다.

주택연금 활용 조건

정부에서는 주택연금 활성화 차원에서 문호를 크게 개방했다. 주택연금 가입연령 요건을 부부 중 연장자의 나이 60세 이상으로 완화한 것이다. 기존에는 주택의 소유주만 60세 이상이어야 했으나 둘 중 한 명만 60세 이상이어도 혜택을 받을 수 있게 된 것이다. 대상주택 요건도 완화하기로 했다. 주택가격이 9억 원이 넘는 고가주택 소유자는 주택연금에 가입할 수 있어 자산가들도 고액 주택을 담보로 잡고 소득을 확보할 수 있게 된 셈이다. 아울러 주거용 오피스텔 거주자도 주택연금을 신청할 수 있도록 했으며 재산세 감면 기간을 기존 2015년에서 2018년으로 연장시켰다. 또한 주택연금에 가입하면 담보주택에서 발생하는 재산세 중 25%를 감면해 준다.

주택연금 매달 얼마나 받나 (단위: 천 원)

* 종신지급방식, 정액형, 2017.2.1일 기준

연령	1억원	2억원	3억원	4억원	5억원	6억원	7억원	8억원	9억원
50세	135	270	405	540	675	810	945	1,080	1,215
55세	156	312	468	625	781	937	1,093	1,250	1,406
60세	209	419	629	839	1,049	1,259	1,469	1,679	1,889
65세	252	505	758	1,010	1,263	1,516	1,768	2,021	2,274
70세	308	616	924	1,232	1,540	1,849	2,157	2,465	2,773
75세	381	762	1,143	1,524	1,905	2,286	2,667	3,033	3,033
80세	481	963	1,444	1,926	2,407	2,889	3,362	3,362	3,362

연금수령 방식

연금수령 방식은 다양하다. 매월 일정한 금액을 종신토록 지급받는 '종신지급방식'과 사용한도액의 절반까지를 목돈으로 타고 나머지를 연금으로 받는 '종신혼합방식'이 있다. 주택연금 이용자가 주의해야 할 점은 주택연금 이용기간 동안 지급방식(종신지급, 종신혼합, 확정기간지급) 간의 변경은 가능하지만, 월지급금 지급유형(정액형, 증가형, 감소형, 전후후박형) 간 변경은 불가능하다는 점이다.

연금 금액 규모

은퇴자에게 연금 금액의 규모는 매우 중요하다. 만 60세가 되면 주택연금을 신청할 수 있다. 만 60세에 감정평가액이 2억 원인 주택을 맡기면 매월 45만 6,000원의 종신연금을 받을 수 있다. 주택평가감정액이 오르면 연금도 오른다. 60세인 사람이 4억 원의 주택을 1채 보유했다고 가정하면 91만 3천 원의 연금액을 받는다. 나이도 변수인데, 2억 원의 주택을 갖고 있는 사람이 70세라면 66만 6,000원의 연금을 받는다. 누구라도 한국주택금융공사 홈페이지(www.hf.go.kr)에서 조회하면 손쉽게 연금지급액을 확인할 수 있다.

주택연금 개요

구분	내용	비고
가입연령	주택소유자 또는 배우자가 만 60세 이상	근저당권 설정일 기준
대상주택	시가 9억원 이하의 주택 및 지방자치단체에 신고된 노인복지주택	상가 등 복합용도주택은 전체 면적 중 주택이 차지하는 면적이 1/2 이상인 경우 가입 가능
거주요건	주택연금 가입주택을 가입자 또는 배우자가 실제 거주지로 이용하고 있어야 함	단 부부중 한 명이 거주하며 보증금 없이 주택의 일부만을 월세로 주고 있는 경우 가입 가능

자료: 한국주택금융공사

주택연금의 이해

항목	내용
상품 소개	소유 주택 1채를 담보로 맡기고 평생 혹은 일정한 기간 동안 매월 연금방식으로 노후생활 자금을 지급받는 국가 보증의 금융 대출 상품(역모기지론)
대출기관	한국주택금융공사
가입 자격	부부 중 연장자가 만 60세 이상, 부부 기준 9억 원 이상도 가능
가입기간 및 지급 대상	• 소유자 및 배우자의 사망 시까지 연금수령 　배우자만 남은 경우도 동일 금액으로 지급 • 단, 이용 도중 이혼한 경우 이혼한 배우자 또는 이용 도중 재혼을 한 경우 재혼한 배우자는 지급 불가
정산 방법	• 부부 모두 사망 후, 한국주택금융공사에서 주택을 아래와 같이 처분함. 　- 주택처분금액〉연금지급총액의 경우, 남는 부분은 채무자(상속인)에게 돌아감 　- 주택처분금액〈연금지급총액의 경우, 부족분에 대해 채무자(상속인)에게 별도 청구 없음

세제 혜택	저당권 설정 시 및 연금수령 중 세제 감면 혜택
지급 정지 사유	• 부부 모두 사망하는 경우, 주택 소유권을 상실하는 경우 (매각, 양도, 재개발, 재건축, 화재로 인한 주택 소실 등) • 부부 모두 1년 이상 미거주하는 경우(단, 병원 입원 및 장기요양 등 예외 인정) • 처분조건약정 미이행 및 주택의 용도 외 사용 (일시적 2주택자로 가입 후 최초 주택연금 지급일로부터 3년 내 주택 미처분 등) • 대상주택의 재개발/재건축(사업시행인가 전 단계까지는 주택연금 가입 가능) - 이용 도중, 재개발/재건축되어도 이사를 통해 대상주택을 변경하면 주택연금 이용 가능

주거지를 은퇴자에 맞게 리모델링이 필요

주택연금으로 노후를 대비할 때 중요한 고려 사항이 있다. 먼저 주거지를 은퇴자에게 맞게 리모델링해야 한다. 은퇴 직후에는 건강하기 때문에 큰 불편함이 없지만 향후 몸이 불편해질 때를 대비하기 위해서다. 대부분의 주거지는 건강한 성인을 기준으로 설계돼 있다. 이에 따라 고령자를 위한 친화적인 리모델링이 필요하다는 얘기다. 문턱을 제거하고 이동 경로에 조명을 배치하거나 바닥에 미끄럼 방지 처리를 하는 것 등이 그 예이다.

이와 관련해 사회나 정부에도 당부하고 싶은 말이 있다. 선진국에서는 자국 내 도시설계를 할 때 고령자나 어린이, 장애인들이 쉽게 이용할 수 있는 시설을 만든다. 특히 고령화 사회가 이미 진행되고 있는 일본의 경우 고령자들이 불편하지 않은 도시설계, 이른바 '유니버설디자인'을 중시한다. 고령자가 대중교통에 쉽게 접근할 수 있도록 정류장이나 버스의 설계를 달리하는 것 등이 그 예라 할 것이다. 이처럼 우리나라에서도 고령화에 맞는 도시설계가 필요하다.

한국의 대표적인 주거 환경인 아파트에도 도입해 볼 수 있다. 아파트의 복도나 계단에 안전장치를 설치하고 휠체어 사용이 편리한 통과식 엘리베이터(들어가는 문과 나가는 문이 서로 다른 엘리베이터)로 교체하는 등의 아파트 리모델링도 필요하다.

자녀에게 용돈 받다가 주택연금 가입한 Q씨(80)

30여 년 전 다니던 은행에서 주택을 한 채 받았던 서울 중화동에 사는 Q씨(80). 자식들은 모두 결혼하고 혼자 이 주택에 사는 Q씨의 유일한 낙은 한잔 하는 것.

혼자 살다 보니 크게 돈 드는 일은 별로 없었지만 좋아하는 술을 매일 먹고, 특히 남에게 술을 사는 일을 좋아하다 보니, 수월치 않은 용돈이 필요했다. 큰 아들에게 받는 용돈으로 생활하던 Q씨는 지인에게 주택연금 이야기를 듣고 고민하다가 최근 주택연금에 가입했다.

나이와 6억 원의 시세를 기준으로 Q씨가 한 달에 받는 주택연금 금액은 무려 313만 원. 이제 자신이 좋아하는, 남에게 술사는 일을 자식들의 눈치를 보지 않아도 할 수 있어 그는 요즘 행복하다.

사실 그동안 Q씨는 크고 작은 건설업자들에게 집을 팔라는 권유를 많이 받아 왔다. 중화역과 가까운 그의 집은 역세권에다 평수도 적당해 빌라를 짓기에 안성맞춤이었다. 그래도 그런 유혹에 넘어가지 않았던 Q씨는 남은 여생을 자신이 젊었을 때 고생해서 얻은 주택과 더불어 함께하니 그로서는 감개무량할 수밖에 없다. 이 주택에서 자식들을 모두 키우고, 자신의 삶이 이 주택과 오랜 시간 함께했다는 마음에 뿌듯할 뿐이다. 이제 그 주택은 자신에게 또 하나의 복주머니 역할을 톡톡히 한 것이다. 그게 모두 주택연금이 가능하도록 만들어준 것이다.

땅콩집을 지어서
알콩달콩 살아가기

경기 원당의 한 아파트에 전세로 살던 K씨(52)는 최근 과감한 선택을 했다. 점차 다가오는 노후생활을 고려해 볼 때, 치솟는 전세자금의 압박에서 벗어나 자신의 집을 장만하기로 한 것이다. K씨가 선택한 것은 땅콩주택. K씨는 1층과 2층 그리고 다락방이 각각 39m^2(12평), 총면적 118m^2(36평)의 땅콩주택을 지었다. 토지 230m^2(70평)를 구입하는 데 2억 1,000만 원이 들었고, 건축비 2억 7,000만 원 등 총 4억 8,000만 원을 투자했다. 옆집은 2억 8,000만 원에 전세를 놓았다. 결과적으로 K씨는 2억 원 정도에 내 집 마련에 성공한 셈이다.

은퇴 이후 어떤 주거 형태로 생활할 것인지에 대해서 고민하는 사람들의 선택의 폭은 넓다. 과거와 같이 아파트 일변도에서 최근에는 타운하우스, 모듈러주택 등 다양한 형태로 분화되고 있다. 그

중 대표적인 것이 땅콩주택(Duplex Home)이다.

땅콩주택은 한 개 필지에 닮은꼴로 나란히 지어진 두 가구의 집을 말한다. 한 개의 단독주택 필지에 두 채의 집을 지어 놓은 모양으로, 땅콩처럼 하나의 껍데기에 두 채의 집이 들어가 있어 붙여진 재미있는 이름이다. 종전에 단독주택이 1층과 2층으로 나뉘어 횡적인 공간에서 각자 생활을 했다면, 땅콩주택은 전 층을 반으로 나누어 종적인 공간 활용을 중시하는 개념이라고 볼 수 있다.

땅콩주택은 단독주택의 한 형태로 우리의 전통적인 주택 개념과는 다르다. 도시와 떨어진 전원에 위치한 동호인주택과 달리 땅콩주택은 비싼 토지 매입가격 부담을 줄이면서 도시와 가까운 곳에 건축해 도시 접근성을 높이는 게 매력이다. 노후에 도심과 그리 멀지 않은 곳에 가까운 이웃과 소통하면서 즐겁게 살 수 있는 곳이 땅콩주택이다.

비아파트 주거 형태의 선두주자 땅콩주택

도심과 그 근처에서 여유로운 삶을 즐기는 사람들이 늘고 있다. 아파트 일변도였던 우리나라의 주거 형태도 다양화하고 있다. 기존의 단독주택이나 아파트의 단점을 보완한 새로운 유형의 집이 등장하고 있다.

이는 기존의 획일적인 아파트 생활에서 벗어나 자연친화적이고 개성 있는 집에 살고 싶어 하는 현대인들의 욕구가 건축 산업 발전과 맞물렸기 때문으로 분석된다. 비아파트 유형의 주택으로는 타운하우스, 모듈러주택 등이 있는데, 그중에서도 최근 땅콩주택에 대한 관심이 높아지고 있는 것이다.

자연친화적인 주거 환경에 관리비는 저렴

도심 속에서 답답함을 느끼는 사람이라면 땅콩주택은 그 대안이 될 수 있다. 40대 중반의 A씨 부부가 최근 이사한 곳은 경기도 용인시 근처의 땅콩주택이다. A씨는 살던 집에 대출금을 보태 3억 원이 조금 넘는 금액으로 땅콩주택을 마련했다. 직장은 강남이지만 출퇴근이 아주 힘들지는 않다. 20년 넘게 서울에 거주해 온 J씨(51) 역시 지난해 아파트를 팔고 경기도 파주시 문산읍에 위치한 한 전원마을로 이사했다. 직접 집을 지어 들어온 J씨는 "가족들이 원하는 대로 집을 지을 수 있고, 공기 좋은 곳에서 아이들을 키울 수 있어 행복하다."며 만족해했다.

땅콩주택은 도심에서 크게 멀지 않고, 자연친화적인 주거 환경이라는 점에서 매력적이다. 또한 주택 시세와 관리비 면에서도 유리하다. 목조 구조의 단열과 최적화된 구조설계를 통해 에너지 낭비를 최소화하기 때문에 관리비가 아파트와 비교해 크게 저렴한 편이다.

비용적인 측면 이 외에도 마당과 다락이 있어 아이들이 마음껏 뛰어놀 수 있는 공간이 있다는 것도 땅콩주택의 장점이다.

땅콩주택은 팀워크가 중요

먼저 땅콩주택은 건축비 부담을 줄이기 위해 2가구가 주택건축 비용을 분담한다. 이 경우 주택의 소유권이 공동소유 형태를 취한 필지에 두 주택을 짓는 만큼 매도할 때 다른 소유자 동의를 얻어야 하기 때문에 이 점은 확약한 뒤에 건축하는 게 좋다. 또한 대출을 받거나 각자 매매를 하고자 할 경우 권리행사나 환금성에 제약을 받을 수 있다는 점도 고려해야 한다.

한편 땅콩주택은 불편한 보안과 사생활 노출, 관리문제가 있다. 즉, 공동경비를 할 수 없고, 땅콩의 나머지 한쪽 거주자와 사생활 보호문제가 생긴다. 정원에서 잡초를 뽑고 관리하는 문제도 공동 소유자와 같이 해결해야 한다. 따라서 다른 한쪽과 소통이 잘 안 될 경우 어려움을 겪을 수 있다.

땅콩주택은 건물구조가 다락방까지 포함한 3층 단독주택 형태다. 우리의 전통적인 주택개념은 단층을 넓게 연결해서 쓰는 횡적인 공간 활용에 익숙한 편이다. 다라서 땅콩주택의 종으로 확장된 평면은 기성세대의 정서와는 잘 맞지 않으며, 좁은 면적의 3개 층을 가족들이 오르내려야 하는 불편함이 있어 답답할 수 있다.

도심 근처에 땅콩주택 짓고 인생 이모작 하는 J씨(64)

경기도 동탄에 땅콩주택을 건립해 노후를 보내고 있는 J씨. 그는 요즘 노후 걱정 없는 행복한 나날을 보내고 있다. J씨는 자신의 땅콩주택 앞에 정원 가꾸기가 취미이다. 처음에는 정원에 공을 들이는 아내를 맞춰주기 위해 시작한 정원 가꾸기였지만, 이제는 정원에서 활짝 핀 꽃을 보며 이웃과 함께 그 누구보다도 기뻐하는 자신을 발견한다.

당시, 동탄 신도시 내 LH 공사가 조성해 분양한 부지의 가격은 3.3㎡(1평)당 430만 원이었으며, 땅콩주택의 건축비는 목조주택은 3.3㎡당 대략 450만 원, 콘크리트 주택은 350만 원 정도의 비용이 들었다. J씨는 전용면적 85㎡ 기준으로 3억 원 후반의 비용을 들여 땅콩주택을 마련할 수 있었다.

J씨를 고무적으로 만드는 것은 동탄 시내에 새로 생긴 한 패스트푸드 판매장에 출근하는 일이다. 30여 년을 광고장이로 살았던 그는 동탄 땅콩주택에 자리를 잡으면서 무슨 일이라도 해야겠다는 생각에서 집에서 가까운 패스트푸드점에 취직했다. 한 달 90여만 원의 월급을 받는 J씨는 돈보다도 젊은이들과 어울리면서 정신 건강도 많이 좋아졌다.

실제로 노인들은 도시 안에서 젊은이들과 함께 호흡하고 생활하는 것이 매우 중요하다. 미국이나 유럽의 노인들도 시골로 떠났다가 시행착오 끝에 도시로 다시 회귀하는 현상을 보인다. 이러한 여건을 가능하게 만들어 주는 주거 형태가 바로 땅콩주택이다.

J씨는 하루 24시간이 부족하다. 패스트푸드 매장에서 젊은이들과 일하고 퇴근하면 땅콩주택 앞 정원 가꾸기 등 안팎의 일이 많다. 또 옆집에 사는 젊은 부부의 아이들이 마당에서 뛰어놀면 놀아주기도 한다. 하루하루를 바쁘게 살다 보니 한 달에 한 번, 서울에서 사는 아들과 며느리의 방문 시에도 부재중인 경우가 있다. 참 바쁜 인생 이모작이다. 그의 삶은 늘 활기차다.

상가주택 통한
거주와 수익을 동시에 추구

은퇴를 앞둔 대기업 임원 출신 K씨(59)는 노후를 대비해 경기도 한 택지 지구에 있는 상가겸용 주택을 장만했다. 지은 지 4년이 지난 이 상가주택의 총 매입가는 8억 5,000만 원. 상가 보증금을 제외한 K씨의 실제 투자금은 3억 5,000만 원으로, 상가에서 나오는 월세를 고려할 때 연 6%의 임대수익을 거둘 것으로 보인다. K씨는 "내 집 마련에다가 상가 임대수익까지 얻을 수 있어 일석이조"라고 말한다.

상가주택은 하나의 건물에 주거용 주택과 점포나 사무실 등 비주거용 부분이 같이 들어 있는 단독주택을 말한다. 단독주택용지는 최고 4층까지 지을 수 있으며, 보통 1층에는 상가, 2층에는 사무실, 3~4층에는 주택이 들어선다. 최근 공급과잉과 높은 분양가를 기록하는 상가보다 주거와 투자를 함께하는 상가주택에 대한 관심이 높아지고 있다.

　실제로 최근 상가주택을 지을 수 있는 단독택지 부지를 분양받으려는 수요도 급증하는 편이다. 부산도시공사는 2017년 12월 〈일광지구 도시개발 사업 단독주택용지(점포 겸용) 추첨 공고〉를 내고 분양 절차에 들어갔다고 밝혔다. 이번에 공급되는 단독주택용지는 A2~A5블록 내 36개 필지로 필지 당 면적은 273~330㎡이다. 분양가는 3억 8천340만 원에서 4억 9천704만 원이다. 이번 단독주택용지 분양은 평균 775 대 1의 경쟁률(최고 3,901 대 1)을 기록했다.

입지 선택의 안목이 중요

상가주택은 입지를 우선적으로 고려해야 한다. 주택가 안쪽보다는 도로를 끼고 있는 곳이 좋다. 주택가가 시작되는 입구나 인근 주민들이 이동하는 동선 안에 위치한 곳이면 좋은 장소라 할 수 있다. 업종 간 경쟁이 매우 치열한 중심상업지구보다는 배후 고정 고객이 몰릴 수 있는 유동인구가 풍부한 역세권이나 사무실 밀집지역 등이 좋다. 순수 주거 지역이라도 주변이 먹자골목으로 특화될 수 있는 곳도 입지를 선정해 볼 수 있는 장소다. 상가주택이 있는 동네에 관한 연구도 필요하다. 동네 주민이 필요로 하지만 아직 입점해 있지 않은 장사가 무엇인지 체크해 보는 것도 중요하다. 건축주부터 주변 환경에 맞는 적당한 장사 아이템이 무엇인지 파악해둬야 한다. 만일 들어설 상가주택 주변에 백화점이나 대형 마트, 기업형 슈퍼마켓이 있으면 손님을 뺏기게 되므로 피하는 것이 좋다. 중요한 것은 상가주택의 입지를 바라보는 안목이다.

수익률 꼼꼼하게 따져야 한다

도심 등의 상가주택은 수요가 많다 보니 값이 크게 올라 오히려 투자 수익률이 떨어질 수 있다. 서울과 수도권의 경우 매입 단가는 상승하는데 임대료는 현상 유지하는 곳도 많다. 따라서 임대수익률을 고려한 상가주택 매입을 생각해야 한다. 특히 과도한 대출을 했을 경우 공실이 발생하면 이자를 내기가 힘들어질 수 있다는 점도 주의해야 한다.

환금성도 감안해야 한다. 즉 자신이 원하는 시점에 처분이 가능할 만큼 매도 여건도 좋아야 한다는 점이다. 이를 위해서 매입 전에 중심상권인 랜드마크와의 거리가 어느 정도인지, 지하철·버스 정류장 등이 인접해 있는지, 상시 유동인구가 많은 편인지 등을 확실히 분석해 볼 필요가 있다. 현재 세입자가 장사하고 있는 상가주택을 살 때는 며칠 간 직접 해당 상가에 가서 어느 정도 장사가 되는지 파악해야 한다. 부동산 중개업자에게도 그동안 세입자가 밀리지 않고 월세를 매달 냈는지 알아봐도 된다. 세입자가 월세를 꼬박꼬박 내지 않았다면 현재 장사가 잘되지 않는다고 볼 수 있다.

오래된 상가주택 리모델링 후 알짜 주택으로 변화

기존 입지에서 상권이 발달되지 않은 곳이라도 감각이 있는 사람이라면 땅값만 주고도 살 수 있는 낙후된 상가주택을 사서 깨끗하게 수리한 다음, 높은 가격에 임대하는 방법도 있다. 상가주택은 해당 동네가 재개발되거나 재건축되는 등의 특별한 개발계획이 있는 경우가 아닌 한 5~10년 정도를 내다보고 사야 한다. 현재 눈에 보이는 조건이 아니라 앞으로 변하게 될 조건에 초점을 맞출 필요가 있다.

서울 마포 연남동에 있는 한 허름한 2층 주택을 구입한 L씨. 거의 대지 가격만으로 주택을 산 L씨는 부동산 매입 후 신축보다는 리모델링을 택했다. 그리고 2층은 자신의 가족이 거주하고 1층을 산뜻하게 변화시킨 후 임대를 놓았다. 홍대 상권의 풍선 효과로 그 주변부는 배후 상권이 커져, 어렵지 않게 카페 겸용 특색 있는 식당의 임차인이 나타났다. L씨의 1층 상가는 신축 건물보다도 개성 있는 볼품으로 지역 상권에서 은근히 부각되고 있다. 애초 볼품없던 상가주택을 리모델링한 후 개성 있는 상가주택으로 탈바꿈시켜 성공한 사례라 하겠다.

아파트 팔고 상가주택 구입한 N씨

2017년 서울 서초구의 아파트를 팔고 은평구 연신내의 상가주택을 9억 원에 매입한 N씨(54). 그는 요즘 얼굴에 여유가 묻어난다. 이 상가주택에서 매달 300만 원의 임대료가 발생하기 때문인데, 시세 역시 샀을 때보다 오름세다. 상가주택의 꼭대기 층에 살고 있어 아래층 상가를 관리하기도 용이하다.

N씨가 연신내의 상가주택을 구입한 것은 이 지역에서 부동산을 운영 중인 한 친구의 조언이 결정적이었다. 연신내에 능통한 이 친구는 연신내 상권을 전망할 때 상가주택의 가능성을 높게 내다본 것.

실제로 연신내 상권은 주택가를 배후로 한 재래시장과 유흥업소, 의류상설매장 등 복합적인 성격의 상권으로 30~40대의 중장년층의 비율이 유동인구 전체 비율의 50% 이상 되는 곳이다. 또한 지하철 3호선과 6호선에다 앞으로 GTX 노선도 신설되는 등 트리플 역세권으로 상가주택으로 도전해 봄직한 상태였다.

N씨는 직장을 퇴직하고 새로운 직업은 구하지 못했지만, 임대관리로 소일하며 여유있게 후반부 인생을 준비 중이다. 2년 전 다니던 직장을 타의 반 자의 반으로 나온 N씨는 4년 전 아파트를 처분하고 연신내 지역 상가주택을 구입한 것을 행운으로 여긴다. 들리는 소문에 의하면 강남에 아파트를 갖고 있는 한 친구는 아파트 담보대출로 생활비를 충당한다고 하니, N씨로서는 당시 선택을 참 잘한 것이라고 스스로를 칭찬한다.

경매로 다가구 구입해 거주하며 임대수익 올리기

2017년 대전 동구 판암동 소재 다가구주택 경매에 24명의 입찰자가 응찰했다. 앞서 6월에 진행된 1차 경매에서 유찰돼 최저 경매가가 감정가(4억 2,708만 원)의 70%까지 떨어졌지만 감정가보다 높은 4억 4,000만 원에 낙찰되었다. 해당 물건은 3층 건물로 11가구가 세입자로 등록된 다가구. 총 보증금 합계만 2억 8,677만 원으로, 대전 지하철 1호선 판암역과 가까워 임대수요가 풍부하다는 평가를 받았다.

다가구 경매가 붐이다. 거주와 임대수익 창출이 가능한 부동산 중의 하나가 '다가구 주택'이다. 다가구는 집주인이 거주하면서 나머지 가구에 세를 주고 임대수익을 올리는 구조라서 한 번 고려해볼 수 있는 대표적인 부동산 은퇴설계법이다. 물론 다가구를 신축할 수는 있지만 이에 따른 반대급부도 만만치 않다.

차라리 입지가 좋고 앞으로 재건축이나 재개발의 여지가 있는 다가구 주택을 경매를 통해 싸게 구입해 리모델링을 한다면 향후 매매차익도 기대해 볼 수 있고, 안정적인 임대수익을 올릴 수도 있다.

정부의 부동산 정책은, 다가구는 1주택으로서 기준시가 9억 원 이하면 임대소득에 대한 과세 대상에서 제외되고 9억 원이 넘는 경우에도 임대소득이 연간 2,000만 원 이하면 분리과세 혜택을 받을 수 있다.

실제로 한 부동산 경매정보업체에 따르면 다가구주택 낙찰가율(감정가 대비 낙찰가 비율)은 2013년 73.8%, 2014년 74.3%, 2015년 79.9%, 2016년 80.3% 등으로 매년 올라가고 있다.

경매와 리모델링 결합하면 최고의 재테크

다가구는 경매로 싸게 구입해야 한다. 그 다음 리모델링을 통하면 최고의 재테크가 가능하다. 이를 위해 가장 먼저 다가구 투자대상 물건을 잘 골라야 한다. 다가구는 여러 세대가 모여 산다. 따라서 권리분석이 중요하다. 다가구에 거주하는 선순위 임차인이 있는 경우 세입자가 경매를 통해 배당받지 못하면 낙찰자가 전액 인수해야 한다. 또 유치권이 있는 특수 경매물건을 리모델링하면 수익률이 높을 수 있지만 위험이 크기 때문에 꼼꼼한 현장조사는 필수다. 향후 리모델링하기 위해서는 입찰 전 낙찰받을 물건의 도시계획 확인원과 토지(건물)대장을 통해 용적률, 건폐율 등 부동산 공적 제한사항을 확인해야 한다.

또한 건물 노후 정도와 개조 후의 사업성 검토가 충분히 이루어져야 한다. 투자 대상 다가구의 주요 구조부가 부실하면 리모델링 자체가 불가능할 수 있다. 이에 따라 준공 20년 미만의 다가구를 선택하는 것이 좋다. 입찰 전 미리 건축설계 사무소에 의뢰해 증·개축이 가능한지 알아보는 것도 필요하다.

토지 모양과 진입로, 노후성과 용도구역 확인 필요

다가구는 다양한 관점에서 특성을 파악해 경매에 임해야 한다. 먼저 토지 모양과 진입로를 주의해야 한다. 향후 재건축 등을 위해서는 마름모꼴이나 직사각형을 지양하고 정사각형의 토지 모양을 고르는 것이 좋다. 또한 다가구가 밀집된 지역은 전체적인 재개발의 확률이 높아 주택 경매 시에 확인해야 한다. 미리 용도구역을 확인해 다가구가 1~3종 일반주거지역인지, 준주거지역인지를 파악해 두는 것이 유리하다.

이 외에도 다가구 주택의 경우 노후성을 체크해야 한다. 건물 외벽의 균열과 누수 등 건물 하자를 진단해 보고 보일러의 종류도 꼼꼼하게 살펴야 한다. 향후 리모델링 시 건물의 노후화로 인해 배보다 배꼽이 더 큰 상황은 피해야 한다.

권리관계와 임대 수익률에 주의해야

다가구는 많은 가구가 살다 보니 권리관계가 복잡하다. 정확한 점유사항 점검과 분석이 중요하다. 서울 노원구에서 자영업을 하는 L

씨는 다가구 경매로 임대 사업을 할 요량으로 허름한 이면도로에 있는 기존 다가구 주택을 낙찰받았다. L씨는 건물은 낡았지만 값도 싸고 여러 장점을 갖고 있다고 보았는데, 인근 부동산을 들렀다가 이 다가구에 문제가 있음을 발견했다. 다가구 대지의 일부가 노원구청이 관리하고 있던 '구유지'였던 것. 그는 새로 신축할 경우 구청과 협의해야 한다는 이야기를 들었다. L씨가 구청 재무과 직원을 만나 확인해 보니, 이 다가구가 깔고 있는 대지 중 일부가 구유지로서 예전 집주인이 구유지에 걸쳐 집을 지은 것이었다. 구청에서는 새로 신축할 경우 구유지를 따로 매입하지 않으면 건축허가를 내 줄 수 없다는 것이었다. 결국 L씨는 3,800만 원의 거액 보증금을 날려야 했다.

다가구 투자 방법

다가구주택이란 주택으로 쓰이는 면적이 660㎡ 미만이며, 층수는 3개 층 이하, 세대수는 19세대 이하가 거주하는 단독주택을 말한다

- 거주(리모델링하기) + 매매차익(역세권 인근) + 수익형을 함께 고려한다

- 수요가 풍부한 지역으로 주변 임대료 상승 지역을 선택한다

- 임대소득 과세대상에서 제외되는 9억 이하의 다가구주택을 구입한다
  1주택의 경우 9억이 넘지 않으면 임대소득 과세 대상에서 제외되고 9억이 넘더라도 연간 임대소득이 2천만 원 이하면 분리 과세됨.

여유 있게 치킨집 운영하는 다가구 주인 P씨(62)

서울 금천구 독산동에서 바비큐 치킨집을 운영하는 P씨. 그는 12년째 한 자리에서 치킨집을 운영하고 있는데, 바비큐와 맥주 맛이 좋아 단골손님도 많고 꾸준하게 장사가 된다. 한 골목에도 몇 개씩 치킨집이 있는 요즘 상황에서 P씨의 바비큐 치킨집이 잘되는 요인은 무엇일까?

그것은 양과 질적으로 괜찮은 바비큐 치킨과 맥주 맛 덕분이다. 이를 달리 말한다면 P씨가 이윤은 적게 남기지만 많이 팔다 보니 수익도 나름 난다는 셈법이고, 이는 P씨의 여유 있는 치킨집 운영 노하우 덕분이다. 물론 30여 년을 요식업계에 몸담았던 경험이 이 여유로운 치킨집 운영을 가능하게 만들었지만, 생계 걱정이 없는 것 또한 그의 생활 비법이다.

그를 경제적으로 여유 있게 만든 것은 15년 전 경매를 통해 구입한 다가구 덕분이다. 서울 수색 지역에 위치한 다가구는 당시만 해도 입지조건이 별로 안 좋았다. 그러던 이 다가구는 상암 월드컵 경기장을 매개로 지역적인 호재가 겹쳐, 임대 수요가 넘쳐나고 있다. 당연히 매매시세도 큰 오름세이다. P씨는 3층짜리 12가구가 사는 다가구의 3층에 거주하면서 월세 수입을 톡톡히 받고 있다. 그의 부동산 은퇴설계는 이미 끝난 셈이다.

그는 요즘 바비큐 치킨집에 대학 나온 아들을 출근시키고 있다. 취업난 속에서 취업이 어려우니 이 치킨집을 물려주려는 게 그의 속내이다. 앞으로 자신은 부인과 함께 다가구 월세를 받으며 편안한 노후생활을 할 수 있다는 계산이 서 있다. 15년 전 당시 큰 기대 없이 구입한 다가구가 지역호재와 더불어 그에게 큰 은퇴선물이 된 것이다.

헌집 줄게 새집 다오! 재개발 지분투자

문재인 정부의 부동산 정책은 부양보다는 주거복지와 도시재생 정책이 우선시된다. 도시재생의 경우 소규모 재개발이 진행된다. 특히 서울시에서는 2030 서울 플랜의 구체적인 실행계획이 잡히면서 지역별로 재개발도 이뤄지고 있다. 재개발은 낙후 지역이 존재하는 한 지속적으로 이뤄질 수밖에 없다.

재개발에 투자해 돈을 많이 벌었다는 사람이 적지 않다. 하지만 재개발에 투자한다고 무조건 수익이 크게 발생하지는 않는다. 재개발에 대해서 상세하게 파악하고 투자 전에 반드시 체크해야 할 사항을 점검해야 한다.

재개발은 도시 기능의 회복이 필요하거나 주거 환경이 불량한 지역을 계획적으로 정비하고, 노후·불량주택을 효율적으로 개량하기 위해서 시행하는 사업이다. 즉 낙후된 불량주택을 헐어서 아파트를 짓는 것으로 대상 지역 내의 토지 또는 건축물의 소유자가 조합원이 된다.

재개발 지분(재개발 구역 내 집이나 땅)을 구입해 조합원이 되면 주택 청약통장의 가입 여부와 관계없이 아파트를 분양받을 수 있다. 또 조합원에게 우선적으로 동·호수가 배정되며 잔여물량은 일반 분양해 수익이 발생한다는 점이 매력이다.

투자의 성패는 지분 매입 시기

재개발 사업은 오랜 기간을 두고, 절차를 밟아 진행된다. 그 과정을 보면, 기본 계획의 수립·승인 → 구역 지정 → 사업 계획 결정 → 조합설립 인가 → 사업시행 인가 → 조합원 분양 신청 → 관리 처분 계획 인가 → 조합 원 분양 및 동·호수 추첨 → 공사 완료 → 청산의 절차로 이루어진다. 재개발 지분 투자의 성패는 지분 매입 시기에 달려 있다. 재개발 사업의 흐름 단계에 따라 기존 낡은 집값은 상당한 차이가 있기 마련이다. 재개발 지역의 지분이 오르는 시기를 보면 일반적으로 구역지정 후, 사업시행 인, 가 후, 이주비 지급 개시 후, 관리 처분 계획 인가 시점 등 단계적으로 오르는 관례가 있다. 따라서 이 시기를 파악해 매매타이밍을 잡으면 투자의 성, 공 가능성은 높아진다.

재개발 투자에서 높은 수익률을 내려면 구역지정 이전의 사업 초기에 투자하면 된다. 하지만 위험부담을 감수해야 한다. 만일 구역지정이 지연되면 금융비용이 커지기 때문이다. 또 지역마다 편차는 있지만 조합이 설립되고 사업시행 인가가 나면 가격이 또 한 차례 상승한다. 이때 재산평가와 함께 이주비가 지급되는데, 투자자 입장에서는 초기 부담을 줄이고도 지분을 매입할 수 있기 때문에 이 시기가 투자의 기회가 될 수 있다.

지분 쪼개기 지역을 피하라

조합원에게 배정되는 새 아파트 입주권은 세대별로 나온다. 이를 이용한 지분 쪼개기를 조심해야 한다. 정부가 외환위기 당시 세입자 보호를 위해 다가구 주택을 다세대 주택으로 전환하는 것을 허용하면서 지분 쪼개기가 나타나기 시작했다. 단독주택은 입주권이 1개이지만 다세대 주택은 6~8개로 늘어나면서 배정 입주권은 그만큼 늘어난다. 지분 쪼개기를 통해 조합원이 많아지면 수익성은 떨어질 수밖에 없다. 재개발 사업의 수입원인 일반 분양분이 줄어들기 때문이다.

실제로 서울 용산에서는 원래 1명이 주인이었던 집을 허물고, 주인이 10명 이상씩 되는 집을 지었다. 그래서 조합원의 수가 새로 지어질 아파트 숫자보다 더 많아지는 사태가 발생했다. 이로 인해 재개발이 중단될 상황까지 가게 됐고, 재개발이 진행된다고 해도 아파트를 분양받지 못하고 집값만 받고 자신의 집에서 나가야 하는 상황이 되었다. 이를 현금 청산이라고 부른다. 또한 용산구에서는 애초 근린생활시설 용도로 허가받은 후 주거용으로 불법 용도변경을 한 주택의 경우에는 이행 강제금을 부과하기도 하였다. 이처럼 지분 쪼개기 식의 재개발 형태에 투자자는 주의해야 한다.

한강변 재개발 지역을 주목하라

한강 개발은 1982년 추진한 '한강종합개발계획' 이후 30여 년만이
라 눈길을 끌었다. 정부에서는 30여 년만의 한강 개발이 대규모 투
자와 일자리 창출을 유발하고, 한강과 주변지역을 핵심 관광지로
발전시켜 국내외 관광객을 대거 유치할 것으로 기대한다. 한강 개
발은 미래가치에 있어서는 대단히 유망하다. 세계 어느 도시를 가
봐도 한강처럼 도심지를 가르는 큰 강을 별로 찾아볼 수 없다.

이는 서울시의 코엑스와 잠실종합운동장에 이르는 영동권역을
국제 업무마이스(MICE)복합 단지로 만들겠다는 구상과 크게 다르
지 않아 여야 입장을 떠나 큰 마찰은 없을 것으로 기대된다.

실제로 한강변 소형 빌라는 재개발 투자가치가 크다. 서울 서초
구 신반포 1차 아파트를 재건축한 '아크로리버파크 2차'의 경우
79m^2(24평)의 일반 분양가가 약 10억 원 정도를 호가했다. 만일 한
강 주변 지역 소형 빌라를 1억 원에 매입한다고 했을 때 추가분담
비용 3억 원을 예상한다고 해도 300%의 수익률을 기대할 수 있다.
한강변 지역의 경우 상업 시설이 들어올 수 있는 고층 아파트가 들
어설 수 있고, 조합원을 제외한 일반 분양이 늘어나 수익률이 높아
질 수 있다. 한강변 재개발 투자에 주목해야 하는 이유가 여기에
있다.

재개발 지분 투자에 나선 B씨(42)

경기도 부천시에 사는 B씨는 몇 년 전 79㎡(24평) 아파트를 장만했다. 직장생활을 한 지 12년 만에 결실을 본 것이다. 아들과 딸, 아내와 사는 B씨는 다소 좁은 듯한 집이지만 내 집을 장만했다는 기쁨에 개의치 않았다.

그러던 어느 날 지인으로부터 서울 성북구 길음동 재개발 지역의 허름한 주택을 구입해 P 아파트 112㎡(34평)를 분양받았다는 이야기를 듣고, 재개발 지분 투자에 관심을 갖기 시작했다. 잘만 투자하면 112㎡ 정도의 아파트를 마련할 수 있을 듯 싶었다.

최근 B씨는 서울의 한 재개발 지역의 오래된 아파트를 구입했다. 한강변에 가까운 이 아파트는 조망권이 중요했다. 한강이 보이지 않는다면 큰 메리트가 없기 때문이다. 재개발 조합에 문의해 해당 아파트가 한강 조망이 있는지를 따져 보고 구입했다. 그리고 한강변 개발 발표를 듣고 속으로 쾌재를 불렀다. 실제로 이 지역은 꾸준하게 오름세를 유지하고 있다.

재건축 아파트에
거주하며 매매차익 챙기기

마포구 성산 시영아파트에 거주하는 C씨(61)는 경기도 인근으로 이사하는 것을 심각하게 고민했다. 하지만 20년 간 다닌 직장을 마치고 갖게 된 이 아파트를 당분간은 계속 보유하기로 했다.

2018년 현재 C씨의 아파트는 건축된 지 32년이 되어 재건축을 앞두고 있다. 현재에는 20년 전 샀던 가격보다 몇 배가 오른 가격이라 그동안 파는 것도 고려해 봤지만 재건축 호재가 있기에 당장 사는 것은 불편해도 참아왔다. 아파트 준공 30여년이 되다 보니 녹물이나 각종 시설이 노후화되어 다소의 불편함은 있다. 하지만 세상에 공짜는 없는 법. 재건축 시기가 다가올수록 시세 폭이 크게 올라 C씨는 남모르게 살며시 미소 짓는 경우가 종종 있다.

재건축은 쉽게 말해 아파트 소유자들이 땅을 제공해 새 아파트를 짓는 것이다. 가령 5층짜리 아파트를 20층짜리 고층 아파트로 짓는다면 같은 평형을 기준하면 4배가 늘어난다. 새집은 당연히 헌

집보다 값이 높다. 새집의 가격이 헌집보다 2배 높다고 가정하면, 재건축을 함으로써 얻는 총 가치는 4×2=8배가 늘어나는 셈이다. 8배 늘어난 아파트 값에서 공사비를 빼고 아파트 소유자(조합원)들이 나눠 가지면 큰 이익이 생긴다.

물론 재건축이 되는 아파트라고 해서 전부 투자가치가 있는 것은 아니다. 층수, 대지 지분, 땅값, 입지 여건에 따라 투자가치가 크게 달라진다.

재건축은 타이밍이 중요

재건축 아파트는 주택 정책에 민감하다. 정책에 큰 영향을 받기에 가격의 탄력성이 크다. 매시기 정부의 부동산 대책 이후 강남을 중심으로 재건축 해당 지역은 매우 분주하게 움직이고 있다. 이는 일반 아파트와 비교할 때 실수요보다 투자수요가 많기 때문이다. 재건축 아파트 값은 롤러코스터처럼 급등락을 하므로 매수 기회를 잘 포착해야 한다.

용적률이 낮은 아파트를 선택 (저층 아파트를 선택)

재건축 대상 아파트를 고를 때는 용적률이 낮은 아파트를 골라야 한다. 용적률은 대지면적에서 건축물의 연면적이 차지하는 비율이다. 용적률은 건축물의 연면적을 대지면적으로 나눈 후 100을 곱한다. 같은 면적의 대지에 용적률이 높다는 것은 건물이 높다는 의

미다. 기존 아파트의 층수가 낮을수록 좋은 투자 매물이다. 반대로 기존 용적률이 높으면 조합원 부담이 커져 수익성이 떨어진다.

사업진행이 빠른 곳이 좋다

재건축은 사업진행이 빠른 곳이 안전하다. 재건축은 대상 지역의 건물을 소유한 사람에게 조합원 자격이 주어지는데, 조합원 자격을 얻기 위해서는 먼저 아파트를 사야 한다. 이 돈은 준공시점까지 묶이기 때문에 이자까지 감안해야 한다. 사업지연으로 인한 금융비용과 추가 부담금 지출 등을 생각하면 기대만큼의 투자수익을 올릴 수 없을 가능성도 있다. 막연한 기대감으로 투자를 했다가 낭패를 보기 쉽다. 입지조건이 아무리 좋아도 사업기간이 늘어나면 각종 비용 증가 때문에 실속이 없다.

실제로 재건축을 오래전부터 추진하다 좌초한 단지들도 많다. 조합원 간의 갈등이나 조합원과 시공사 간의 반목이 생기다 보면 사업기간이 늘어나고 그 피해는 투자자에게 돌아간다. 중소형 의무 비율을 맞출 수 있는 단지 등은 비교적 조합원 분쟁이 많지 않기 때문에 사업 추진 속도가 빠른 편이다.

SECTION 7

내 집 마련과 재산증식을 동시에!
입주권 투자

J씨(43)는 몇 년 전 부동산 업계에서 일하는 친구의 조언에 따라 한 재개발 지역에서 입주권을 샀다. 최근 시세를 알아보니 1억 8,000만 원이나 됐다. 4년 전 5,000만 원도 안 되는 돈을 주고 산 걸 감안할 때 J씨로서는 상당한 이득을 봤다. 이와 같은 성공 경험이 방심의 원인이었다. 재개발 입주권을 권했던 그 친구로부터 지난해 가을 수도권에 있는 재개발 지역의 또 다른 입주권을 소개받았다. 그는 전과 달리 부동산 경기에 대한 전망이 불안정해 망설였지만 친구의 강력한 권유가 있었던 데다, 현금을 거의 들이지 않고 매입하는 거라 덜컥 계약을 해버렸다. 하지만 분양대금 납입과 부동산 시장의 불투명이 지속되면서 대출이자 갚기에 어려움을 겪고 있다. 입주권 투자에서 한 번은 이익을, 또 한 번은 손해를 본 것이다.

입주권은 재개발이나 재건축 지역에서 관리 처분 이후 부여받게 되는 아파트 입주권리를 말한다. 입주권을 갖게 되면 조합원의 자격으로 시공사를 선정하는 등 공급자적 입장에서 주도권을 갖고 아파트 분양까지 관여한다. 분양권의 경우는 소비자적 관점이라고 볼 수 있으며, 수익성이란 잣대에서는 입주권이 분양권보다 투자 가치가 있다. 따라서 입주권은 수익률이 높다. 반대로 분양권은 리스크의 부담이 없지만 입주권은 리스크가 있다.

부연하자면, 조합원은 조합이라는 법인체를 설립하여 시공사 선정부터 일반 분양가 책정 및 개발 진행 전체를 직접 관할한다. 옷장사를 예로 들어보자. 옷을 만드는 과정과 만든 제품에 가격을 정하는 것과 이를 일반에게 파는 것까지를 총괄한다는 것인데, 이러한 공급자적 입장에 서면 최종 소비자보다 가격을 저렴하게 구입할 수 있다.

장사를 하면서 밑지면서 파는 사람은 없다. 이윤이 생겨야 판매하는 것인데, 조합원도 같은 맥락이다. 시장에서 일반 분양가 산정시 분양 가능한 최대의 가격으로 책정하게 되므로, 일반 분양자는 상대적으로 비싼 가격에, 반대로 조합원은 최대의 이익을 얻는 구조이다. 최근 2030 서울 플랜 등에 따라 서울 도심의 재개발, 재건축은 더욱 탄력을 받으며 가격상승이 기대되기에 좋은 매물을 선별하는 능력만 있다면 높은 수익을 기대할 수 있는 투자처가 될 수 있다.

입주권에 투자할 때, 사업성 프리미엄과 입주 후 프리미엄으로 구분하여 수익을 볼 수 있는데, 사업성 프리미엄은 말 그대로 추진위원회 설립부터 관리 처분, 인가까지 여러 단계를 거치며 사업성에 대한 대가로 가격이 상승하는 것을 말한다. 입주 후 프리미엄은 말 그대로 아파트로 개발이 완료된 후 수요가 몰려 가격이 상승하는 현상을 말한다.

SECTION 8

미리 경험한 농가주택이
시행착오 줄인다

제주도에 정착해 농가생활의 즐거움을 주는 연예인이 있다. 이효리와 그녀의 남편이다. 과거 한창 인기있는 블로그 '소길댁'을 운영하던 이효리 부부는 얼마 전에는 한 방송사 예능 프로그램 '효리네 민박'이란 제목의 예능 프로그램으로 또 한 번의 화제를 모았다.

직접 농사도 짓고 집의 인테리어도 손수 꾸미면서 전원생활의 즐거움을 만끽하고 있는 이효리 부부의 이야기는 도시 사람들에게 은근한 매력으로 다가온다. 대중들의 심리에는 농가주택만의 고유한 끌림이 있기 때문이다.

농가주택에서 부부가 함께 농사지으며, 행복한 생활을 그려보는 것, 은퇴 이후 한 번쯤 고려해 볼 수 있는 부동산 은퇴설계 전략이다.

농지가 있는 사람들은 노후에 농가주택을 활용해 은퇴 이후를 대비해 볼 수 있다. 비록 농지가 없는 사람이라도 전원생활이 적성에 맞는다면 부동산 전략을 잘 세워 농가주택에서 살 수 있는 기회를 얼마든지 만들 수 있다.

전원생활을 꿈꾸는 사람들은 일반적으로 고가의 전원주택 부지를 선호하는 경향이 있다. 실제로 몇 년간 아파트 값이 뛰면서 농가주택 매매가도 덩달아 올라 매입가가 만만치 않은 것도 사실이다. 하지만 농가주택을 사서 은퇴를 준비하는 장기적인 계획을 갖고 있다면, 고가의 농가주택을 덜컥 사는 것보다는 적은 돈으로 농가주택 전월세를 골라 한 달이든, 반년이든 직접 살아보기를 권한다. 주변 원주민들과의 융화도 삶의 질에 큰 영향을 주므로 시골문화에 적응하는 연습을 미리하고, 살면서 여건이 좋은 주택을 차분히 장만하는 것이 더욱 실속 있는 접근법이다.

부동산 세미나에서 만난 H씨(56)는 5년 전 전원생활의 왕초보 시절 구입한 농가주택 때문에 크게 고생한 경험이 있다. 수도권에서 그리 멀지 않은 경기도 근교에 농가주택을 구입하고 은퇴 이후 멋진 전원생활을 꿈꾸던 H씨. 그의 낭만적인 꿈은 이사 후 며칠이 지나지 않아 악몽으로 바뀌었다. 매도인은 여성이었는데, 그리 멀지 않은 곳에 살고 있던 시동생이 계속해서 H씨를 괴롭히기 시작했다. 남편이 사망하자 전 주인 여성이 자신의 시댁 식구들과 상의 없이 남편 명의의 집을 판 것이다. 이를 못마땅하게 여긴 시동생이 텃새 부리듯이 H씨를 괴롭힌 것이다. 그는 H씨에게 은근히 집을 팔라고 협박하며, 갖은 행패를 부렸다. 견디다 못한 H씨는 급하게 집을 팔아, 은퇴 이후 안락한 전원생활의 꿈은 고사하고 급매로 오히려 손해를 보았다. H씨의 사례에서 보듯 전원생활은 신중한 접근이 필요하다.

전원생활의 장단점을 미리 파악하라

앞으로 전원생활을 꿈꾸는 사람이라면 최소 1~2년 정도 농가주택을 세내어 거주하며 전원생활의 장단점을 파악하는 준비기간을 가져보는 것이 중요하다. 수도권 근교의 빈 농가주택은 약 2만호에 달하고 전국적으로 약 20만호에 달한다. 게다가 우리나라는 수도권 집중 현상이 심해 시골의 빈집은 꾸준히 늘고 있는 상황이다.

서울에서 가까운 인기 좋은 지역도 본인이 발품을 팔아 임대정보를 얻다보면 빈농가나 시골집 매물을 찾기는 그리 어렵지 않다. 시골 폐가의 경우 겉모습은 허름하지만 거의가 목조구조여서 벽면이나 지붕만을 개조해 살기 적합하게 바꿀 수 있는 점도 장점이다. 또 대부분 흙이나 나무로 되어 있어 분위기를 살릴 수 있고, 욕실을 실내에 두면 전원생활에 불편함은 거의 없다.

시골집을 빌려 현지에 살아보면 자신이 고른 지역의 속사정을 알 수 있어서 좋다. 마을 주민들과 일정 기간 생활하면서 자신의 가족과 형편에 맞는 지역 여건인지를 알 수 있다. 경제적인 부분도 이득이다. 도시 전월세 가격의 1/3 금액 정도면 임차 주택을 어렵지 않게 구할 수 있다. 이웃에 놀고 있는 텃밭을 빌려 경험삼아 주말농장식 시험경작도 시도해 볼 수 있다. 자급자족은 물론 귀농 이후의 간단한 영농·농사 경험을 익힐 수 있어 시행착오도 줄일 수 있다.

전원생활을 즐길 줄 아는 사람인가를 확인하라

도심보다 한적하고, 주로 농사 관련 일이 대부분을 이루는 농가주택을 활용한 은퇴설계. 다소 소박한 꿈이지만 의외로 적지 않은 사람들이 선호한다. 그렇지만 모든 사람들에게 해당되는 이야기는 아니다. 무엇보다도 한적한 전원생활에는 외로움이 있다. 단체 이주가 아닌 한, 개인이나 한 가족이 농가주택을 이루고 살아가기에는 필수적으로 외로움이 따르고, 이를 감내할 수 있어야 전원생활이 가능하다.

도시는 영화극장이나 쇼핑몰 등이 가까워 아무래도 북적대는 사람들 틈에서 지내는 시간이 많다. 하루 종일 지나가는 사람이라곤 동네 어른 너댓 분뿐인 시골생활은 지루하게 다가올 수 있다. 그래서 혼자서도 즐길 수 있는 취미생활이나 예술 활동을 미리 한두 가지씩 배워두는 것이 도움이 된다. 원주민들과 자연스럽게 교류하는 데 있어서도 취미생활이 큰 역할을 할 수 있다.

경기도 용인에 농가주택을 장만하고, 그 옆에는 카페도 차린 방송인 김미화 씨. 그녀는 자신의 인지도를 활용해 지역 주민들의 농산품을 유통해 주는 비즈니스를 진행하기도 한다. 지역주민들의 호응도 크다. 공지영 에세이 『지리산 학교』에도 소개된 바 있는 지리산 마을에는 도심에서 전문적인 일에 종사하던 사람들이 모여들기 시작해, 하나의 문화예술인타운이 조성됐다. 지리산 마을의 명성을 듣고 전국 각지에서 찾아온 귀농 예비자들 덕분에 그 지역 땅값이 크게 올랐다는 후문이다.

농촌에 산다고 모두 농사를 지을 필요는 없다. 도심보다 농촌지역은 사각지대에 놓인 직업군이 있다. 가령 간호사나 컴퓨터 전문가 등의 직업은 농촌에서 매우 귀하다. 직업생활 면에서도 농촌이 기회가 될 수도 있다. 은퇴 무렵의 연령대라면 대부분 신체 기능이 저하되기 시작하고 잔병치레도 많다. 주기적으로 검진을 받거나 철마다 예방주사 등을 맞아야 한다. 혹시 모를 위급상황에도 대처해야 한다. 그런 면에서 대형 병원이 멀다는 것은 전원생활의 한계다.

이러한 구조적인 어려움에도 불구하고 늘 흙을 밟고, 농산물을 키워내는 재미와 자연의 시간에 맞춰 일어나고 잠드는 생활이 주는 매력은 대단하다. 그 매력을 따라 살아보기를 꿈꾼다면 과감하게 농가주택을 활용한 은퇴설계를 준비하면 된다.

농가주택 접근 방법

- **전국 시군구에 설치된 귀농인의 집을 이용한다**
  귀농 희망자에게 임시 거처와 농업 체험을 제공한다.

- **농어촌 지역의 빈집을 이용하고, 빈집 수리비를 지원받는다**
  지인, 현지 부동산, 현지 마을 이장, 관련 정보센터(귀농귀촌종합센터, 전국 시군구의 농어촌빈집정보센터, 온비드 홈페이지(http://onbid.co.kr) 의 직거래 장터) 활용 등

- **농가주택 취득 방법 및 유의사항**
  매매 형태로 구입·임대 가능하고 간단한 개조 후 생활할 수 있다. 농지법상 농업인이 되어야 하고 농지법이 정한 연간 수입 비율과 세대주 등 추가 조건을 충족해야 한다. 농업인 주택은 이런 두 요건을 모두 충족한 후에 다음의 조건들을 갖추고 나서 적법한 농지전용 허가를 받아야만 지을 수 있다.

- **농가주택 구입하기 전의 유의사항**
  - 구입하기 전에 토지대장과 건물등기부등본, 건축물대장을 꼭 확인해서 등기가 되었는지 확인한다.
  - 땅주인과 건물주가 같은지 확인한다.
  - 실제로 이용되는 도로가 지적도 상에도 있는지 확인한다.
  - 농가주택에 텃밭이 딸려 있는 경우는 피해야 한다.
  - 기본 골조가 튼튼하여 개조가 가능한 집인지 확인한다.

출처 : 귀농귀촌 종합센터(http://www.returnfarm.com/index.do)

현직 베스트셀러 작가인 K씨(58)

그는 은퇴 이후 노후에 공기 좋은 곳에 집필실을 만들어 생활할 목적으로 경기도 가평 지역에 대지 100평의 농가주택을 구입했다. 지붕의 기왓장이 떨어져 내려와 비가 새기도 하고, 지붕을 받치는 기둥이 썩기도 했다. 벽도 군데군데 흙이 떨어져나가 짚이 드러나 보인다. 주택이 이처럼 꽤나 허름하지만 K씨는 아직 리모델링을 고려하지 않는다. 본격적인 거주가 시작되기 전에는 1년에 몇 번 글을 쓰는 동료나 후배와 함께 가끔 눌러오는 용도로만 사용할 뿐이다.

주변에서 임대를 권하기도 하지만 K씨는 이마저도 거절한다. K씨가 이 농가주택을 살 때 전 주인이 임대를 놓았던 상태였는데, 막상 전 주인이 K씨에게 팔려고 하니 거주하던 임차인이 수백만 원을 요구하고 나선 것이다. 결국 전 주인은 임차인에게 돈을 주고 나서 K씨에게 농가주택을 팔았다. 이를 본 K씨는 농가주택을 현지 주민에게 임대하는 일은 폐단이 있음을 간접 경험했다.

K씨는 서울에서 가끔 후배들과 가평 집에 내려가면, 집 안마당의 잡초부터 제거하기 시작한다. 그리고 지붕의 기왓장을 손보거나 축대 등을 고친다. 함께 내려간 후배들도 시골집 손보기가 색다른 경험이기에 재미있어 하는 눈치여서 거리낌 없이 도와달라고 요청한다. 해가 기울면 돼지고기 목살에 바비큐 파티를 한다. 고기 한 점에 소주 한 잔이 들어가면 10년 전 이 집을 사기 위해 전국을 돌며 발품을 팔았던 기억이 떠올라 빙그레 미소 짓는다.

당시 K씨가 쓴 책이 베스트셀러 목록에 오르자 전국에서 강연 요청이 쇄도했고, 강연을 위해 전국을 다니면서 틈틈이 곳곳에 들러 자신의 미래 집필실이 되기에 적합한 곳을 눈여겨보아 둔 것이다. 심사숙고 끝에 선택한 만큼 이 주택은 조건이 알차다. 남향이라 해가 길게 든다. 풍수지리상으로도 이상적인 배산임수(背山臨水)로, 뒤에 산이 있고 앞에 도랑이 흐른다. K씨는 당시 구입 가격에서 지금은 약 4배가 올랐으니 재테크 면에서도 그다지 나쁜 편은 아니라고 만족스럽게 생각한다. 게다가 원할 때는 언제나 별장으로 사용할 수 있다는 점은 보너스라며 주변에 적극 권장한다. 또 만일 농가주택을 살 만한 여유 자금이 없다면 밭을 사서, 주말 농장식으로 이용하다가 나중에 컨테이너 등을 이용하거나, 용도 변경을 통해 집을 짓고 사는 것도 한 방법이라고 살짝 힌트를 건네준다.

SECTION 9

사업적 마인드가 필요한 귀농·귀촌

경북 안동시 길안면 해발 550미터의 30만 m²(9만 750평) 땅에 심어져 있는 6,000그루의 호두나무를 보면 D씨(70)는 감회가 새롭다. 그는 공군 소령으로 예편한 뒤 호텔업계에 종사하다 세상에 무엇인가 자취를 남길 일을 생각하던 중 호두를 심어야겠다는 결정을 내렸다. 전국을 헤매며 호두나무 경작지를 찾아 나섰던 그는 경북 안동에 적합지를 찾았다. 그 후 가족과 떨어져 지낸 지 15년 동안 무수한 고생을 하며 호두 농사를 지었다. D씨의 2017년도 매출은 15억 원. 앞으로 매출은 매년 급등할 것으로 예상된다. 그는 호두를 안동의 대표 브랜드로 만들 원대한 계획에 부풀어 있다.

호두나무 농사에 성공한 D씨의 사례에서 보듯 귀농·귀촌은 은퇴 이후 대안으로 설정해 볼 수 있다. 치열한 도시생활에서 부딪히는 경쟁을 벗어나 흙냄새 나는 시골 내음을 맡으려는 욕구가 증가하면서 귀농·귀촌 바람도 강하게 불고 있다. 실제로 2017년 귀농·

귀촌 인구는 처음으로 50만 명을 돌파했다. 통계청과 농림축산식품부, 해양수산부가 공동 발표한 '2017년 기준 귀농어·귀촌인 통계'에 따르면 2017년 귀농·귀어·귀촌인 및 가구원은 51만6,817명으로 관련 통계를 작성하기 시작한 2013년 이후 처음으로 50만 명을 넘어섰다.

개발시대를 거치면서 치열하게 살아온 베이비부머의 본격 은퇴로 귀농·귀촌 홍수를 맞은 것이다.

문제는 귀농·귀촌도 실패가 크게 증가한다는 점이다. 도시 외지인이 농촌에 내려와 농사를 짓고 적응한다는 게 그리 녹록하지만은 않다. 자신의 그릇에 맞는 현실적인 계획을 토대로 귀농·귀촌 계획을 세워야 한다.

단순한 거주지 이전이 아닌 사업 마인드 필요

귀농·귀촌을 위해서는 '농업과 농촌에 정말로 관심이 있나'라는 질문에 자신있게 어떤 대답을 할 수 있어야 한다. 무작정 귀농한다고 행복해지지는 않는다. 어쩌면 도시에서 그동안 사귄 동료들과 네트워킹하면서 사는 것이 훨씬 편하고 익숙할 것이다. 농업과 농촌에 정말 관심이 있어야 귀농·귀촌에 성공할 수 있다.

현실적인 준비 방법도 중요하다. 첫 단계인 결심단계에서 귀농의 목적을 정해야 한다. 또한 귀농의 폭을 넓히는 단계와 체계화된 계획도 수립해야 한다. 아울러 귀농에 관한 실질적인 기술을 습득하고, 거주지와 농경지를 마련하는 단계도 필요하다.

귀농 전문가들은 사전에 준비해야 할 사항으로 정확한 정보 습득을 위한 상담 및 교육기회라는 것에 의견을 모으고 있다. 귀농·귀촌에 관한 정보를 사전에 충분하게 습득하고, 단순한 거주지 이전이 아닌 사업적 마인드로 접근하면 성공적인 정착이 될 수 있다.

장기투자 관점에서 호두농사 성공

도시에서 사업을 할 때도 마찬가지지만 귀농·귀촌에서도 차별화 전략이 중요하다. 호두농사를 통해 귀농·귀촌에 성공한 사례는, 어떻게 남들을 따라 하지 않고 자신만의 독특한 콘셉트로 농사짓는 것이 성공하는가를 잘 보여준다. 얼마 전 한 국회의원은 국정감사에서 '전국 고속도로 휴게소에서 판매 중인 호두과자의 원산지를 조사한 결과 국내산 호두를 쓰는 곳이 한 군데도 없다'고 밝혀 화제가 됐다. 호두과자에 국내산 호두를 사용하지 않는 이유는 가격 때문이다. 우리나라는 많은 량의 호두를 수입하고 있다. 반면 국내산 호두는 물량이 적은 편이라 매우 귀하다. 상황이 이렇다보니 국내산 호두농사는 오히려 기회를 가져다 줄 수 있다.

경상도에서 회사를 다니고 있는 M씨(47)는 최근 임야 10만 m^2(3만 250평)를 구입했다. 기존 나무를 베어내고 호두나무 묘목 1,000본을 심었으며, 앞으로 500여 본을 더 심을 예정이다. 장기투자라는 호두농사의 특징이 자신에게는 기회이고, 잠재적 경쟁자들에게는 진입장벽이라는 게 M씨의 판단이다. 호두의 경우 새로 심은 나무에서 호두가 조금씩 열리기 시작하는 데 5~6년이 걸리고, 수확을 해서 판매할 만큼 본격적으로 열리려면 10년 넘게 걸린다. M씨는 이렇게 호두농사가 장기적인 시간이 걸린다는 점을 오히려 장기투자라는 관점으로 접근해 자신의 은퇴 이후를 대비하는 플랜을 짠 것이다. 정부의 산림정책 방향도 '보호'에서 '이용'으로 바뀌고 있어서 호두나무를 심는 M씨에게 사업비 보조와 융자 등 여러 혜택을 주고 있다.

열정 하나로 블루베리 농사를 짓다

30여 년 동안 국립대학에서 행정 공무원으로 근무하다가 고향에 내려가 블루베리 농사를 지은 G씨(74) 역시 열정 하나로 귀농·귀촌에 성공한 경우다. 원래 건강에 관심이 많았던 G씨는 책을 통해 노화의 원인이 활성산소 때문이란 것을 알게 됐고, 항산화 능력을 가진 것 중 으뜸이 블루베리란 것을 알았다. 이 블루베리를 찾아 전국을 뒤졌지만 찾을 수가 없었고, 결국 직접 블루베리를 재배하게 된 것이다.

처음 블루베리 300주를 심었지만 실패를 맛본 그는 일본을 오가면서 블루베리 농사에 올인했으며, 결국 재배에서 판매까지 성공한 귀농인이 되었다. 그리고 그의 블루베리 농사법을 배우기 위해 전국에서 수많은 사람들이 다녀간다.

삼성전자의 지방 공장 대표를 지낸 T씨

삼성전자의 지방 공장 대표를 지낸 T씨가 귀농한 것은 1993년. 강원도 평창 흥정 계곡의 아름다움에 빠져 농사를 짓기 시작한 이래 그의 농업과 관광을 잇는 아이템은 대박이 났다. 그의 농사는 다름 아닌 허브. 삼성에 근무할 당시 일본 홋카이도의 허브 농장과 세계 10여 개국에서 허브 식물을 채집했던 경험을 살려, 재배하고 판매하는 농사가 아니라 보여주는 농사를 시작하기로 결심하고 허브 테마를 잡은 것이다.

중간에 고난도 많았다. 살던 집을 개조해 민박을 시작했고 허브를 딴 차와 술을 팔기도 했는데, T씨는 무려 11가지의 죄목으로 고발당하기도 했다. 도시에 살 때는 법을 몰라도 됐는데, 시골에서 더 법이 필요하다는 것을 깨달았다는 T씨. 그는 그 이후 결국 모든 허가를 새로 내고 집과 식당을 신축했다.

그의 농원은 허브농사로 시작됐지만 농업과 관광이 어우러진 모양새를 갖춰 많은 관광객들이 농원을 찾는다. 또한 미술을 전공한 그의 딸은 농원 전체를 아기자기한 미술작품과 같은 스토리로 꾸며, 더욱 동화 같은 분위기를 자아내고 있다. 그는 이제 봉평과 허브농원을 가산 이효석 작가의 소설처럼 하나의 큰 콘텐츠로 만들기를 원한다. 제조업 출신의 공과 계통 사람이 귀농해서 농업과 관광을 잇는 새로운 도전에 나서고 있다. 그의 귀농 성공신화에 주목해 보자.

농지은행을 활용하면
농촌생활에 도움

충북 단양에 사는 F씨(68)는 2,745m^2의 농지에 농사를 짓고 있었다. 몇 년 전 눈이 내리던 어느 날, 마을에서 미끄러진 F씨는 허리를 다쳐 당분간 농사를 짓기 어려운 상황이 됐다. 수도권에 사는 자식들도 농지 상속에 대한 기대는 있는 눈치라 농지를 팔 수도 없고, 진퇴양난에 빠진 그가 선택한 것은 농지은행을 통한 농지 임대였다. F씨는 농지은행을 통해 농지 임대비를 받으면서 건강 회복에 주력하고 있다.

농촌의 농지 관련 업무를 대행해주는 농지은행이 주목된다. 농지은행은 이탈농, 고령농, 도시민으로부터 농지를 수탁, 매입하여 이를 전업농 등에게 임대, 매도하는 제도이다. 중간에서 농지 관련 일을 대행해 주는 것이다. 앞서 농촌에 거주하는 F씨의 경우 농사를 짓다가 건강 등의 이유로 더 이상 농사를 지을 수 없어 농지은행을 이용했다면, 도시민의 경우도 농지은행을 이용할 수 있다. 보통 귀농 등을 통해 농촌으로 오면 경험도 쌓을 겸 해서 농지은행을 통해 농지를 임대할 수 있다. 도시민이 농지를 소유하려면 영농계획서를 작성해 농지취득자격증명을 얻고, 스스로 농사를 짓거나 구입한 농지를 농지은행을 통해 농민에게 임대하면 되는 것이다.

농지은행의 사업의 종류 및 신청서 내용은 다음과 같다.

농지은행

농지은행은 고령농, 자경곤란자, 이농자, 상속자 등의 여유 농지를 생산적 이전과 효율적 이용을 통해 농지의 유동화, 규모확대, 농가소득 증대에 기여한다.

농지은행 사업종류

- 농지임대 수탁 : 소유자로부터 농지를 위탁받아 농지은행이 임차자를 물색하여 농가 등에 이를 임대하고 임대료 수납 등의 관리를 해주는 사업
- 농지매도 수탁 : 소유자로부터 농지를 위탁받아 농지은행이 매수자를 물색하여 농가 등에 이를 매도하고 대금 수납 등의 관리를 해주는 사업
- 경영회생지원농장 매입 : 부채 등 경영위기로 인해 어려움을 겪는 농업인이 소유한 농지 등을 농지은행에서 매입하여 당해 농업인에게 다시 임대하는 사업으로서 임대기간 중에 환매가 가능
- 농지매입비축 : 고령은퇴, 이농, 전업희망 농가의 농지를 농지은행에서 매입, 임대하여 후계 농업경영인, 전업농 등에게 장기 임대, 매도하는 농지 이용의 효율화를 위한 사업(착수 시기 추후 결정)

농지은행사업 신청서 제출서류

- 농지임대수탁 : 농지 임대위탁 신청서, 주민등록등본, 농지의 등기부등본 및 기타 지적공부 등 -농지매도수탁 : 농지매도위탁신청서, 주민등록등본, 농지의 등기부등본 및 기타 지적공부 등
- 경영회생지원 농장매입 : 사업신청서, 경영회생계획서, 주민등록등본. 농지원부, 농지·건축물의 등기부등본 및 기타 지적공부
- 농지매입비축 : 농지매도신청서, 주민등록등본. 등기부등본, 토지대장등본, 토지 이용계획 확인원

이용방법

- 농어촌 종합정보포털시스템(http://www.welchon.com)의 농지은행 메뉴 또는 농지은행 포털(http://www.fbo.or.kr) 접속 후 이용
- 가까운 한국농어촌공사 담당지사 방문

농지은행에 임대하면 세금 혜택도

농지의 경우, 농촌에 살면서 스스로 경작하지 않으면 역시 비사업용 토지로 간주된다. 2007년 1월부터, 양도하는 비사업용토지는 장기보유 특별공제가 배제되고 양도세율도 60%가 적용된다. 쉽게 말해 나중에 땅값이 많이 올라도 세금으로 모두 내야 한다는 얘기다. 하지만 이 경우에도 농지은행에 위탁한 경우에는 비사업용 토지에서 제외되어 중과세를 피할 수 있다. 단 8년 이상 위탁한 경우에 적용된다.

단독주택 리모델링으로
쾌적한 노후생활 보장

서울 송파구 방이동에 단독주택을 매입한 S씨(51). 교사인 그녀는 아파트를 처분하고 그 금액으로 좀 낡았지만 상대적으로 시세가 싼 단독주택을 선택했다. 집은 오래돼 보일러 배관상태도 엉망이고, 대리석으로 된 거실 바닥도 5cm 정도 내려앉았다. 거실 천장에 있는 등박스도 너무 둔탁한 느낌을 주었다. 미술 선생님인 S씨는 남편의 전폭적인 지지 속에서 자신의 전공을 살려 단독주택을 전면적으로 리모델링하기로 했다. 어차피 은퇴 이후에도 이 집에서 남편과 함께 살기로 장기적인 계획을 세운 마당에 투자를 했다. 침실과 안방은 전통적인 분위기를 살렸고, 주방은 작지만 기능적인 형태로 재배치했다. 거실바닥도 아이들의 안전을 위해 마루로 처리했다. 자재들은 온돌, 마루, 천연 코르크 등 자연 소재를 사용했다. 집을 구입한 후 새로 단장하는 데 들인 비용은 3천만 원. 하지만 리모델링 후 S씨의 집은 시세가 1억 원 정도가 더 나간다. 단독주택 리모델링 후 주택의 안과 밖이 많이 개선돼 효과를 본 덕분이다.

자동차는 시기에 따른 적절한 관리가 무엇보다 중요하다. 세차부터 시작해 엔진오일이나 브레이크 라이닝 등 소모품은 차계부를 써서 적절한 때에 갈아주어야 한다. 그러면 수명도 길어지고, 차의 외관만 잘 관리하면 오랫동안 새 차처럼 타고 다닐 수 있다.

부동산도 마찬가지다. 몇 십 년 쓰고도 여전히 새집 같은 집이 있고, 지어진 지 10년도 안 돼 부숴버리고 싶은 집이 있다. '남자는 여자 하기 나름이다'라는 말처럼, 부동산도 사람이 관리하기 나름이다. 주택의 각 부분이 낡아서 보기가 흉하거나 설비가 오래되어 불편하거나, 외관의 스타일이 촌 스러워 바꾸고 싶거나, 공간이 좁아서 넓히고 싶을 때 주택을 전혀 새로운 내외관으로 고치는 것을 한 마디로 리모델링이라고 한다.

어차피 은퇴 이후에는 나이가 들고, 거동이 불편하다. 자신의 거주공간을 최적의 조건에 맞게 변화시켜 보다 안락한 생활을 한다면 행복한 노후생활을 보낼 수 있다. 이때 필수적인 것이 리모델링이다. 단독주택을 리모델링한다면 사는 동안 쾌적한 생활을 할 수 있고, 차후 변수가 생겨 집을 팔더라도 시세보다 더 높은 가격을 받을 수 있는 장점이 있다.

미래를 내다보는 리모델링이 필요

리모델링을 시작할 때는 명심해야 할 부분이 있다. 당장 현재에 필요한 부분만 생각지 말고 미래를 생각해보라는 것이다. 주택은 자주 뜯어고칠 수 있는 대상이 아니다. 부동산 리모델링의 경우 한번 마음먹으면 적지 않은 비용과 시간, 정성을 들여야 한다. 적어도 5년, 10년 혹은 그 이상까지도 내다보고 계획을 세우자. 주택 리모델링은 일단 주택을 사용하는 사람의 입장에서 불편한 점을 해소하려는 시도에서 출발한다.

리모델링의 종류로는 손상된 부분만 수선하는 방법, 건축물의 내·외부를 고치는 방법, 증개축을 통해 건물을 전반적으로 고치는 방법 등이 있다. 리모델링할 때 건축법은 건물이 지어진 당시의 기준이 적용된다. 따라서 신축하는 것보다 리모델링하는 것이 효율적이고 자유로운 공간 구성을 할 수 있다. 단, 건물의 면적을 늘리는 증축을 하면 증가된 면적에 대해서는 현행 건축법을 지켜야 한다.

리모델링을 시작한다면 먼저 건물의 안전에 무리가 없는지를 체크해야 한다. 안전진단을 받는다면 확실한 방법일 수 있다. 본격적인 리모델링 계획에 들어서면, 우선 보수해야 할 부분이 어딘지, 어떤 부분을 어떻게 고치고 싶은지를 항목별로 정리한다. 필요하다면 전문가를 찾아 상담을 받아야 한다. 또한 리모델링 실행에 앞서 건물의 신축 당시의 도면을 찾아봐야 한다. 없다면 실측을 통해 다시 그려야 한다.

공사에 들어가기 전에 주의해야 할 것이 있다. 아무리 사소한 공사라도 소음, 먼지가 일어나고 차량의 출입이 늘어 이웃에 폐를 끼치기 마련이다. 사전에 한 집 한 집 인사차 방문해 양해를 얻어 두도록 하자. 약간은 귀찮은 것 같지만 작은 것에서 이웃과의 우호가 유지되는 법이다.

나만의 멋진 집 꾸미기

요즘 생활패턴을 보면 과거와 매우 다르다. 방의 쓰임새도 마찬가지다. 맞벌이 가구가 늘면서 안방은 주로 침실의 기능을 한다. 반면 식탁에서 밥을 먹는 입식 생활이 보편화되었고, 잠자리도 이불보다는 침대를 선호한다. 작은 방은 옷 방으로 만들어 옷을 수납해 장롱이 점점 줄어든다. 안방 역시 활동량이 많은 아이들에게 내주는 경우도 많다.

리모델링 시 집의 기본적인 색채도 중요하다. 벽지, 바닥, 가구, 문, 조명에 이르기까지 전체적인 색채의 조화에 무리가 없어야 공간이 편안하다. 특히 좁은 집이라면 이것저것 여러 색채로 꾸미는 것은 좋지 않다. 가장 좋아하는 것으로 한 가지만을 선택해 단순하게 꾸미는 것이 좋다. 유행에 따르더라도 집안의 한두 곳 정도는 자신의 취미나 관심거리를 염두에 둔 공간으로 꾸밀 필요가 있다.

노후에 편한 설계로 리모델링이 필요

특히 중년에서 노년을 앞두고 집을 리모델링한다면 나이에 맞게 집을 재구성하는 것이 중요하다. 자세나 이동이 편리하고 안전하며 쾌적한 공간을 꾸미는 것이 중요한 요점이다. 나이가 들면 동작이 느려지고, 지팡이나 휠체어 등 보조기구를 갖추어야 한다. 이러한 사항을 고려한 계획이 필요하다. 욕실이나 계단 등 쉽게 변경하기 어려운 부분과 간단히 설치할 수 있는 보조부품 등을 구별해 계획하는 것도 중요하다.

나이가 들면 어이없이 넘어져 골절상을 당하는 경우도 있다. 그것을 본인의 부주의 탓으로만 돌려서는 안 된다. 기력이 없는 노인들이 넘어지거나 발이 걸려 삐거나 하는 일을 방지하기 위해서 바닥면이 평평한 것이 좋다. 휠체어로 이동하는 데도 마찬가지다. 이처럼 노후를 고려한 리모델링을 적용한다면 은퇴 이후의 주거문제는 더욱 편리해질 것이다.

리모델링 전 체크 포인트

- **공간을 분리하고 구조를 변경하며, 공간을 확장한다**
- **사업성 분석과 예산을 명확히 한다**
  신축보다 낮은 비용인지, 추가 공사비를 지출하는 것인지 체크한다.
- **신뢰할 수 있는 업체를 선정한다**
  - 신규 공사에 비해 리모델링은 마무리가 더 중요하다.
  - 건설산업정보센터(www.kiscon.net)에서 건설업 등록 여부를 확인한다.

20년된 단독주택 리모델링한 F씨(68)

경기 구리시에 위치한 F씨의 집은 지은 지 20년이 더 된 집이었다. 오래된 집들이 의례 그렇듯, F씨의 집도 설비가 노후되고 공간도 불편해 대대적인 손질이 필요했다. 그런데 F씨는 '집은 비만 안 새면 된다'는 지론을 갖고 있어 그의 자식들이 리모델링을 권유해도 듣지 않고 자신의 고집을 이어갔다.

그런데 어느 해 폭우가 쏟아져 집 안방에 비가 새서 큰 고생을 한 후 F씨의 마음도 변했다. 일단 지붕부터 개조하면서 기본적인 비와 바람의 피해를 없애는 기초 공사를 시작했다. 또한 기존의 거실은 천장, 벽면이 모두 짙은 색상의 나무로 되어 분위기가 칙칙했는데 이 나무를 모두 떼어내고 아이보리색 실크벽지로 마무리해 은은한 분위기로 이끌었다. 창문은 넓게 내주면서 틀을 격자로 처리해 신선하게 느껴지도록 했다.

오래된 단독주택들이 그러하듯 F씨의 집도 단열상태가 좋지 않았다. 겨울철 나기가 힘들었던 것. 이를 난방과 배관설비를 교체하고, 단열재와 이중창을 설치하는 등 단열 보강으로 말끔하게 해결했다.

F씨가 고집을 꺾고 리모델링한 이후 집이 쾌적하게 변하자, 손자들이 더 좋아한다. 자연스레 아들과 딸의 집 방문도 늘어 F씨는 여러모로 만족도가 높다.

상업지 상가매수에 유리한
택지개발 내 환지투자

세종시가 자리잡으면서 세종시의 강남으로 불리는 2-2 생활권은 전 세대 완판 분양이 됐다. 그 주변 상업용지 13개 필지 역시 주변 감정가보다 2~3배 높은 수준으로 낙찰됐다. 또 제주 서귀포 강정 지구에서 분양한 상가용지 10필지 모두 감정가격의 200%를 넘는 가격에 낙찰됐다. 평창 동계올림픽 선수촌이 들어서는 강원 강릉 유천지구 내 상가용지 낙찰가율도 최고 222%를 기록했다. 전국적으로 택지개발 지구 내 상가용지의 인기가 하늘을 찌른다.

환지개발이 되는 토지는 국가나 지자체가 공공의 토지이용 목적이 뚜렷할 경우 토지를 강제 수용해 신도시나 대규모 택지로 개발시키는 땅을 말한다. 환지는 토지의 이용가치를 증진시키기 위하여 특정한 지역 안에서 토지의 소유권 및 기타의 권리를 그 권리자의 의사에 관계없이 강제적으로 교환·분합하는 것을 의미한다. 강제적으로 교환·분합된다고 해서 공용 환지라고도 한다. 환지의 대표적인 근거법은 도시개발법(종래의 토지구획정리사업법), 농촌근대화촉진법 및 농지확대개발촉진법이 있다.

환지개발 되는 토지는 2가지 방식

환지로 개발되는 방식에는 공영개발 방식과 환지개발 방식이 있다.

공영개발 방식

토지를 강제 수용해 개발하는 방식을 공영개발 방식이라고 한다. 이때 지주가 정부로부터 받는 대금을 보상금이라고 한다. 그 보상금으로 지주가 수용당한 면적 범위 내에서 토지를 다른 곳에 구입하는 경우를 대토라고 하며, 대토권이 있는 자가 1년 이내에 토지보상금 총액의 50% 이상을 매입하면 등록세와 취득세를 환급받는다. 토지 수용 보상금 지급 시 지주가 원주민일 경우 100% 현금으로 지급되고, 지주가 외지인일 경우는 일부를 현금 지급하고 나머지는 3년 만기 채권으로 지급하는 것이 보통이다.

환지개발 방식

구획정리 방식에 의해서 개발되는 토지는 서울시나 용인시와 같은 지자체가 도시개발계획법에 의거해서 지주의 동의(공청회) 절차를 거쳐서 개발되는 토지이기 때문에 강제 수용당할 염려가 없는 고부가가치가 있는 토지라고 보면 된다.

택지개발 내 상가투자 시 고려할 요소

서초 내곡 보금자리주택지구, 강서마곡지구, 송파위례 신도시 등의 택지개발 지구 내 상가가 인기를 끄는 이유는 무엇보다 대단지 아파트를 기반으로 한 탄탄한 배후 수요와 풍부한 유동 인구, 제한된 상업 용지 공급으로 입지 경쟁력이 높아져 안정적 수익 창출이 가능하기 때문이다. 하지만 상가라고 해서 모든 상가가 높은 수익을 보장하는 것은 아니므로 상가투자 시 주의해야 한다.

먼저 상가는 고객의 눈에 잘 띄고 접근하기 편리한 곳에 위치해야 한다. 택지지구 내에서도 반드시 지나다녀야 하는 메인 진출입로 주변에 상가가 위치한다면 상가를 이용할 가능성이 커지고, 이는 곧 매출로 연결된다. 또한 택지지구 내에서도 메인상권과 서브상권이 있다. 기본적으로 많은 세대가 거주하는 택지지구에 속할지라도 상권의 직접적인 영향력이 넓어 많은 사람이 이용할 만한 메인상권인지를 파악하도록 한다.

이 외에도, 택지개발지구 내의 상업용지 비율은 초기에 정해지며, 추가적인 상업용지 공급이 거의 불가능하다. 상권 내에 경쟁 상가가 적다면 당연히 상가의 경쟁력은 높을 수밖에 없으므로 지구 내 상업용지 비율을 확인할 필요가 있다.

마지막으로 전용률도 살펴야 한다. 일반상가의 전용률은 통상약 50~60% 수준이다. 상가의 전용률이 이보다 높으면 실질상가 면적이 늘어나므로 평당 분양가가 인하되는 효과를 볼 수 있어 투자효율이 증대된다.

땅 투자로 성과 얻은 학원 대표 R씨(48)

서울 목동에서 작은 학원을 운영하며 수학을 가르치던 R씨는 토지보상으로 재미를 보았다. 사업 실패로 빚이 크게 불었던 R씨는 재건축 아파트 투자로 짭짤한 재미를 본 뒤 땅 투자에 뛰어 들었다. 당시 손을 댄 곳은 김포시 외곽 지역의 농지였다. 운 좋게도 주변 지역이 김포 '신도시 예정지구'로 지정되면서 지정 직전에 $1m^2$(0.3평)당 35만 원 하던 땅값이 순식간에 80만 원으로 뛰었다. 신도시 지정 후 적지 않은 평가 차익을 올린 셈이었지만, 막상 토지보상이 풀리자 땅값이 $1m^2$당 100만 원을 훌쩍 넘어 더 뛰기 시작했다. 신도시로 편입돼 보상금을 챙긴 지역주민(지주)들이 주변으로 대토에 나섰다. 땅값이 단기간 급등했기 때문에 일부 사람들은 차익을 남기고 더러 떠나기도 했지만 R씨는 이 땅을 팔 생각이 없다. 아파트 입주 시점에 맞춰 교통 환경이 대폭 개선되면 또 다시 오를 것으로 예상했기 때문이다. R씨의 예측은 적중해 땅값은 계속 오름세이다.

택지개발지구 내
단독주택이나 아파트 투자하기

경기도 용인시 처인구 택지개발지구 내 단독택지 필지에 집을 지은 H씨(43). 그의 단독주택은 용인시내와 10분 정도 거리가 떨어져 있어 교통과 자녀교육 문제에 큰 걱정이 없다. 원래 단독주택의 꿈을 갖고 있던 H씨는 몇 년 전부터 택지지구 개발을 주목해 오다가 이 처인구 내의 단독주택 택지를 고른 것이다. $298m^2$(90평) 규모에 잔디로 가득한 H씨의 집은 행복으로 그득하다. 그는 잘 조성된 기반시설 덕택에 편리한 생활환경을 최고 강점으로 꼽았다.

택지개발지구는 도시지역의 주택난을 해결하기 위해서 주택건설에 필요한 택지의 취득, 개발, 공급 및 관리 등에 대해 특례를 규정하는 지역을 말한다. 신도시의 개념을 택지개발지구로 이해하면 비교적 쉽게 이해할 수 있다.

지난 1980년 4월 경기도 성남 하대원지구와 수원 매탄지구가 처음 지정된 이래로 현재까지 수많은 택지지구가 개발되거나 또 예정돼 있다. 보통 많은 사람들에게 일산과 분당이 신도시로 각인돼 있는데, 이 지역도 대표적인 택지개발지구로 볼 수 있다.

주택난 해소가 택지개발지구의 목적이다 보니 그동안 택지개발을 통해서 대표적인 주거 환경인 아파트가 크게 공급돼 왔고, 단독주택이나 상가 등의 상업지구가 조성됐다. 택지지구가 개발되기 시작해 본격적인 신도시로서 자리를 잡는 기간은 각 지구마다 편차는 있지만 대략 10년 정도가 걸린다. 이 기간 동안 수많은 과정과 변수가 도사리고 있다. 보통의 절차는 다음과 같다.

택지개발지구의 가능 지역이 미디어에 발표되고, 정부의 공식 발표와 지구지정이 고시된다. 그 이후 그린벨트가 해제되고, 감정평가와 토지 및 거주민들의 기존 주택에 대한 보상이 실시된다. 이러한 택지지구 개발에 대한 구상과 보상이 이뤄지고 나서는 본격적인 개발에 착수한다. 택지가 조성되고 아파트나 단독택지가 분양되고, 승인된다. 그 이후 상업지역 개발과 분양이 이뤄진다.

'숨겨진 로또'인 택지지구 내 단독주택

택지지구 내 단독주택 부지는 개성을 가진 주택을 선호하는 사람들에게 '숨겨진 로또'라는 소리를 들을 정도로 인기가 높다. 실제로 점포 겸용 단독 주택용지는 당첨 직후부터 수천만 원의 웃돈(프리미엄)이 형성되고, 최고 경쟁률이 2만 대 1에 달하는 등 열기가 높다.

2017년 강원 원주기업도시에서 분양한 한 단독주택용지는 최고 19,341 대 1의 경쟁률이 나왔다. 2016년 부산도시공사가 공급한 부산 강서구의 국제산업물류도시 단독주택용지 19필지는 평균 668 대 1의 높은 경쟁률을 보였다. 2016년 한국토지주택공사(LH)가 분양한 부산 명지 국제신도시의 최고 청약 경쟁률은 6,234 대 1에 달했다.

오죽하면 정부에서 택지개발지구 내 단독주택용지에 대해 경쟁 입찰을 도입하고 전매 제한을 강화하는 방안을 시행할 방침을 세웠겠는가. 이처럼 택지지구 내 단독주택지가 인기가 높은 원인은 무엇일까? 가장 큰 이유는 택지지구가 가진 편리한 주거 환경이라 말할 수 있다. 택지지구 단독주택지는 기반시설이 조성된 택지지구 내 전원주택 스타일로 집을 지을 수 있다는 점이 가장 큰 장점으로 꼽힌다. 때문에 일부 택지는 세대당 매입 부지를 1필지로 제한하고 있다.

택지지구 내 단독택지에는 주거 전용과 점포 겸용 두 종류가 있다. 주거 전용은 용적률이 100% 선이며 상가 없이 단독주택이나 다가구주택만 지을 수 있으며, 점포 겸용은 저층에 상가, 4층까지 주택을 지을 수 있다. 1층에 상가를 주고 거주한다면 임대수익과 거주, 2가지를 모두 충족시킬 수 있다.

체크리스트 만들어 현장조사 꼼꼼히 해야

택지지구 내 단독주택의 장점은 전기, 수도 등 기반시설이 좋다는 점을 들었다. 그렇다면 어떤 단독주택 부지를 골라야 할까? 먼저 필지는 사는 사람에 따라 기호가 크게 달라진다. 우선 집에 있는 시간이 많은 가족이라면 햇빛과 바람의 방향을 고려할 필요가 있다. 해가 잘 들고 바람이 잘 통하려면 북쪽이 높고, 남쪽이 낮은 평탄한 형태의 땅이 좋다. 땅 형태가 직사각형이라면 남쪽으로 난 면이 긴 것이 채광에 좋다. 자녀가 있다면 학교 통학거리도 변수이고 대중교통도 필수적으로 체크해야 한다. 혼자 조용한 분위기를 원한다면 시야를 가릴 수 있는 아파트와 적당히 떨어져 있고 공원이 가까운 필지를 선택해야 한다.

이와 같이 가족들의 성향과 필수 요건에 관한 몇 가지 기준을 잡고, 체크리스트를 만들어 현장조사를 해야 한다. 직접 꼼꼼하게 살펴보는 것이 중요하다. 도로, 보안시설, 쓰레기 자동수거시설, 건축지정선, 공유 외부 공지, 주차 공간 등 세밀한 관찰이 필수다.

청약통장으로 택지개발지구 내 아파트 입주

택지개발지구는 새로운 주거지로 손색이 없다. 교통과 환경, 발전성이 좋기 때문이다. 이에 따라 아파트 주거 환경지로 제격이다. 실제로 택지개발지구 내 아파트는 과거 부동산 투자의 전부라 해도 과언이 아닐 정도로 대표적인 부동산 투자 물건이다. 요즘 일부 지역 택지개발지구의 경우 미분양 아파트, 할인 아파트도 많지만, 택지개발지구 내 아파트는 한 번쯤 고려해 볼 만한 부동산 은퇴설계다.

택지개발지구 내 아파트 투자는 청약통장을 통해 이뤄질 수 있다. 보통 아파트 청약은 유망 지역의 경우 1순위에서 몇 십 대 일의 경쟁률을 보이는 것은 기본이다. 이럴 때는 지역 우선 공급 요건을 갖춰 당첨 확률을 높여보는 것이 중요하다. 지역 우선 공급제는 주택공급에 관한 규칙에 따라 시장, 군수가 투기를 막기 위해 입주자 모집 공고일 현재 해당 주택건설 지역에 일정 기간 이상 거주한 자에게 우선 공급하는 제도이다.

또한 나머지 아파트 물량은 주택청약제도에 근거해 추첨을 통해 아파트를 배당하는데, 아무래도 청약 점수에서 무주택자에게 기회가 많이 돌아간다. 다만 최근에는 정부의 아파트 공급 활성화 대책에 따라 유주택자에게도 벌칙 점수를 최소화해, 아파트 청약의 기회는 더 확대됐다.

부동산 투자를 통해 제법 돈을 번 N씨(54)의 경우 택지개발지구 내 아파트 투자가 주효했다. 젊은 시절 투자자금이 부족했던 그는 수도권의 택지개발지구 내 미분양된 아파트만을 찾아 다녔다. 동과 호수, 층 등을 마음대로 선택할 수 있는 것도 미분양 아파트만의 장점이었다. 그는 미분양 아파트를 중도에 사고팔아 많은 차익을 남겼다. 향후에 아파트는 입지가 관건이다. 일자리가 많은 지역 주변부의 아파트는 유망할 것이다. 입지가 안 좋은 아파트 분양의 경우 투자에 신중을 기해야 한다.

또한 택지개발지구에서는 시범단지 아파트를 주목할 필요가 있다. 시범 단지는 단지 내에서 노른자위 땅에 위치하는 경우가 대부분이다. 또한 분양시기라든가 내부 마감재 등도 택지개발지구 내에서 가장 우수한 것을 사용하는 경우가 많은 것도 장점이다.

토지 매각은 분양가보다 싸게 팔아야

택지개발지구 내 토지 매각은 택지별 공개 추첨 방식을 통해 이뤄진다. 복수의 청약자가 신청할 경우에는 추첨을 통해 주인을 결정하지만, 반대로 신청자가 나오지 않은 택지는 수의계약 방식이 적용된다. 또 단독주택지는 잔금을 완납하기 전 분양권 형태로 제3자에게 매각하는 것이 가능하다. 이른바 전매가 가능하다는 것이다.

투자자들이 주의할 점도 있다. 수의계약이나 경쟁 입찰을 통해 택지를 분양받은 소유주가 택지를 매각할 경우 매수-매도자 간 체결한 계약서를 근거로 관할구청에 실거래를 신고해야 하며, 관할기관에서 이를 확인한 서류와 매도자용 인감을 관할 LH 사무소에 제출하면 모든 절차가 완료된다. 이때 중요한 것은 분양가보다 싸게 팔아야 한다는 점이다. 이는 분양권 거래로 인한 개발이익을 없앤다는 정부의 정책의지의 결과라 볼 수 있다.

공무원 F씨(58)의 택지개발지구 투자

경기 구리시 인창동에 사는 공무원 F씨는 정년퇴임 후 퇴직금을 어디에 투자할 것인지 물색하고 있었다. 그러던 중 최씨는 우연히 신문에서 LH가 남양주 평내지구에서 분양하는 단독택지 입찰 공고를 읽었다. 분양가의 70%까지 대출이 가능해 퇴직금을 보태면 종자돈을 마련하는 데 큰 어려움은 없었다.

입찰 당일 F씨는 저층에 상가를 지을 수 있는 점포 겸용 단독택지 231.4m²(70평)를 3.3m²(1평)당 350만 원에 분양받았다. 1~2층은 상가로 임대하고 3층에 직접 거주할 계획이었다. 단독택지 분양이 끝나자 부동산 중개업자들이 곧 F씨를 찾았다. 그가 낙찰받은 땅은 도로와 인접해 점포 겸용 주택지로 적합했기 때문이다. F씨는 땅을 되팔기보다는 건물을 지어 임대수익을 노리는 것으로 방향을 잡았다.

분양 후 수개월이 지나자 그의 땅은 3.3m²당 950만 원으로 껑충 올라 높은 수익률을 얻었다. 점포 겸용 택지는 일반 단독택지보다 가격은 다소 비싸지만 전문 투자자들이 눈독을 들이는 노른자위 땅이라 볼 수 있다. 일단 건물을 짓고, 도로에 인접한 1층에 상가를 임대할 경우, 높은 임대료가 예상된다. 그의 부동산 은퇴설계는 택지지구 내 점포 겸용 단독주택 부지 확보로 일단락되었다.

SECTION 14

여유를 즐기는 사람이 성공하는 펜션 사업

제주도 서해안 도로에는 멋진 석양을 볼 수 있는 펜션을 쉽게 볼 수 있다. 제주도에 놀러 왔다가 이러한 풍광에 반해 펜션을 지은 B씨(62) 부부는 '제주 귀촌민'이다. 제주도가 좋아서 시작한 펜션 사업 구상이었지만 막상 본격적으로 알아보니 그리 쉽지만은 않았다.

B씨 부부는 1,700m^2(514평)의 땅을 3.3m^2당 70만 원에 매입했고, 3.3m^2당 420만 원꼴로 건축비를 책정해 총 11억 2,000만 원의 비용을 들여 1층이 카페인 펜션을 건립했다. B씨 부부가 전 재산을 털어서 시작한 인생 이모작이다.

B씨 부부의 하루 일과는 바쁘다. 1층 카페의 매출도 좋은 편이고, 부인은 요리 연구에 매진 중이다. 또한 남편은 펜션을 예술적으로 꾸미고 디자인하는 역할을 한다. 돈을 벌려는 것보다 즐기는 그들의 노후가 아름다워 보인다.

전원생활을 꿈꾸는 사람들이 많은데, 가장 큰 벽은 '고정 수입'이다. 시골에 내려가면 마땅히 할 일을 찾기 힘든 탓이다. 즐기는 시골생활을 생각하다가 음식점이라도 차린 사람의 경우 일이 바빠지면서 중노동을 호소하는 경우도 있는데, 이럴 때는 전원생활의 의미가 없다.

앞서 사례에서 보듯 펜션 운영은 전원생활도 하면서 수익도 창출할 수 있는 부동산 은퇴설계 중 하나다. 펜션은 많은 돈을 벌기보다는 자연 속에서 여유로운 삶을 즐기며 생활비용을 충당하려는 사람들에게 적당하다고 볼 수 있다.

펜션의 사전적 의미는 연금, 은금이라는 뜻으로, 유럽의 노인들이 연금과 민박경영으로 여생을 보내는 것에서 유래했다. 현재는 호텔 정도의 시설을 갖추고 가족적인 분위기를 살린 소규모 숙박시설을 말한다. 사실 펜션 사업은 과포화 상태이다. 많은 사람들이 펜션 사업에 뛰어들었다가 실패하고 업종을 전환하고 있는 것이 현실이다. 따라서 더욱 치밀한 시장조사와 여건을 고려한 펜션 사업 계획이 필요하다.

끊임없는 발품 팔아 펜션 입지를 골라야

부동산의 가치는 '목'이 결정한다. '목'은 수십만 원에서 수천만 원까지 차이가 난다. 이러한 '목'을 쉽게 풀어서 얘기하면 '사람이 많이 모이는 곳'이다. 사람을 대상으로 하는 영업에서 이것만큼 중요한 것도 없다. 펜션 역시 사람이 많이 모이는 곳으로 따라가야 한다. 즉 펜션은 입지조건이 매우 중요하다.

1박 2일의 단기 일정으로 떠나는 사람들은 시간과 거리가 중요하다. 3시간 이상 걸린다면 가기 전부터 부담이 된다. 빨리 갈 수 있고 조용히 쉴 수 있으며 덤으로 볼거리도 많은 곳이 펜션 입지로 안성맞춤이다. 고속도로 IC 주변이나 왕복 4차선 국도에서 10~15km, 시간으로 보면 10분에서 15분 정도 떨어진 곳이 좋다.

산과 계곡이 있으면 휴양지로는 매우 적합하다. 특히 맑은 물이 풍부하게 흐르는 곳은 우리나라에 그리 많지 않다. 주변에 둘러볼 것이 없다면 고정적인 수요를 만들기가 쉽지 않다. 명승지, 스키장, 문화유적 등 볼거리가 많아야 입지 면에서는 유리하다.

강원도 횡성군 둔내면에 펜션을 차린 J씨(53)의 경우에도 입지 선정의 중요성을 말해준다. 해외여행을 통해 펜션 사업의 가능성을 발견한 J씨는 3년을 입지 선택에 매달렸다. 좋은 부지를 위해 강원도 일대를 이잡듯 뒤진 결과, 둔내면에 지금의 부지를 발견할 수 있었다. 이곳은 소나무 숲에 싸여 있고, 겨울이면 리조트의 스키 야경까지 즐길 수 있어 펜션 운영 수익률이 제법 나온다. 끊임없이 발품을 판 결과가 최적의 펜션 부지로 돌아온 것이다.

감각적인 인테리어와 각종 테마가 중요

펜션은 특색을 가질수록 고객들의 환영을 받는다. 가령 외국 관광객을 겨냥한 펜션이나 중장년이나 노년 고객을 유치할 수 있는 찜

질방 등으로 특화하는 것도 좋은 아이디어다. 주 고객층을 연인과 가족 단위의 손님으로 선정하였지만, 실제 운영을 하다 보면 세분화하여 다양한 고객을 유치할 수 있다.

실제로 연인들은 주변 물놀이보다는 펜션 내부의 고급 인테리어와 디자인을 선호하고, 가족들은 인테리어보다도 주변 놀거리 및 물놀이 등이 있는지를 살피는 경향이 있다. 이러한 디테일한 부분들은 펜션 운영을 직접 경험한 사람들에게 조언을 받을 필요가 있다. 이밖에도 학생들 MT나 직원들 연수용 펜션 등 여러 가지 타깃층이 있다.

펜션은 이미 무한경쟁 중이다. 가능하면 넓은 부지를 확보해 텃밭, 소운동장 등 부대시설을 늘려가는 것도 좋은 방법이다. 자연 체험이나 지역문화 체험 등과 같은 각종 테마를 지속적으로 발굴해내는 것도 펜션을 안정화시키는 데 도움이 된다.

펜션 관리를 위해 본인이 어느 정도의 노동은 해야 할 것을 각오해야 한다. 본인이 부지 선정이나 임대 여부, 인·허가, 건축, 인테리어 등을 모두 책임져야 한다.

SNS와 블로그 홍보 활동 필요해

펜션 운영은 홍보에 성패가 달린다. 사람들의 라이프 스타일을 한번 살펴보자. 휴가를 즐기는 사람들의 대부분은 인터넷 검색을 통해서 새로운 펜션 정보를 입수하기에 홈페이지와 블로그 등의 인터넷 홍보수단이 필수이다.

다만 홈페이지 구축과 관리에 큰 비용을 들이면서 하는 것은 수익구조에도 안 좋아 돈을 쏟아 붓는 홍보방식은 한계를 띤다. 펜션을 이용하는 사람들의 경우 젊은 사람들이 많고, 이들과 함께 소통한다는 의미와 전략을 갖고 블로그와 페이스북 등 SNS 홍보를 도입해 보는 것도 필요하다.

경기 강화 석모도에서 펜션을 운영하는 H씨(48)는 홈페이지 비용을 절감하기 위해서 블로그 활동을 열심히 한다. 원래 컴맹이었던 H씨는 사진 찍기도 배우고, 글쓰기 책도 읽으며 많은 노력을 했다. 블로그에 소소하게 올라간 글을 보고, 방문객들이 댓글도 달고, 손님으로 이어지는 경우도 있다. 그의 블로그 활동은 장기적으로 내다보고 하는 것으로 은근하게 홍보 효과가 있다고 귀띔한다.

개인 미디어 시대인 만큼 펜션 운영을 계획한다면 부지 선정에 들이는 공의 1/3이라도 들여 블로그나 SNS의 기본 지식과 기술을 습득하는 것도 매우 유의미할 것이다. 펜션 사업은 결국 홍보가 좌우한다.

펜션 사업으로 은퇴설계 준비한 G씨(49)

오래전부터 G씨는 도심생활에 회의를 느껴, 한적한 곳에서 조금 더 시간적 자유를 느끼는 여유로운 삶을 살고 싶어 했다. 또한 그는 가족들과 펜션 여행을 할 때마다 답답한 도심을 벗어나 느끼는 자유로움에 힐링되어 퇴직 후에는 꼭 펜션 운영을 해보겠다고 마음먹은 터였다.

그래서 G씨는 은퇴 이후의 삶을 준비할 겸 펜션 사업을 구상했다. 일단 지역을 선정했는데, 휴가 때 많이 놀러갔던 강원도 쪽으로 고려하였다. 서울에서 너무 멀지 않아야 된다고 판단하되 너무 가까우면 여행의 의미가 퇴색될 것도 같아 적절한 위치를 찾게 되었는데 '홍천'이 눈에 띄었다.

일단 그는 펜션 자리로서 주변 환경이 좋은지, 즉 계곡이 있는지, 마트는 가까운지, 주변 볼거리는 있는지 등을 확인하였다. 하지만 혼자 동떨어져 있는 펜션은 피했는데, 아무래도 큰 규모의 펜션 단지가 아니면 사람들이 쉽게 오지 않을 것으로 생각했기 때문이다. 발품을 팔아 좋은 입지를 찾으면 찾을수록 가격은 더 비쌌지만, 조금 더 주더라도 사업의 안정성을 위해 비용을 기꺼이 지불했다.

펜션을 구입하는 방법은 토지 매입 후 건축하는 것과 기존의 펜션을 인수하는 2가지가 있는데, 아무래도 G씨가 건축에 대해 공부를 했다곤 해도 문외한이다 보니 기존 펜션을 인수하는 방법을 택하였다.

이때의 좋은 점은 매도자, 즉 기존 펜션 주인으로부터 운영에 대한 여러 가지 이야기를 들을 수 있다는 것이다. 물론 매매를 위한 과장된 표현도 있겠지만, 펜션 사업을 모르는 사람이 들었을 때는 귀담아 들을 내용이 아주 많았다.

1년이라는 시간을 쏟아 부어 펜션 사업에 대한 기초 이론 지식과 지역 선정과 펜션 매물 계약 및 운영 방법 등을 모두 숙지한 그는 드디어 펜션 사업을 시작하였다. 은퇴한 후 한동안은 직원 1명을 두고 운영하다가, 나중에는 부부가 함께 운영하였다.

펜션 사업에서 중요한 점은 홈페이지 관리였다. 광고를 하지 않으면 아예 손님 문의가 끊겨버리고, 광고를 해도 홈페이지 관리가 안 되어 있으면 역시 연락이 오지 않았다.

또한 운영하면서 알게 된 점은, 고객들은 한 번 온 펜션에 잘 오지 않는 경우가 많다는 것인데, 그렇다고 손님들에게 대충대충 대하면 인터넷 상에 안 좋은 댓글들이 올라와 낭패를 보는 경우가 많고, 좋은 모습을 보여주면 입소문을 통해 본인은 오지 않더라도 소개로 다른 사람들이 오는 경우가 꽤 많다는 것이다. G씨는 리모델링을 통해 펜션을 좀 더 모던하게 바꾸고, 가족 단위 손님들을 주 고객으로 받았는데, 주변 텃밭도 일부 가꾸면서 싱싱한 채소를 손님들에게 주니, 무척 좋아했다.

그리고 뒤뜰에는 배드민턴장과 탁구장을 꾸며 간단한 운동도 할 수 있게 하였고, 바로 뒤에는 계곡이 흘러 물놀이도 하기 편했다.

G씨의 펜션은 8실이 있는데, 여름 성수기에는 거의 공실 없이 찼다. 1달 30일 중 공실을 감안하여 7실×25일=175입실이고 가격은 16만 원으로, 7월 중순 ~8월 중순까지의 매출액이 2,800만 원 수준이었다. 이때는 청소 및 잡무를 처리하는 직원을 두었는데, 이러한 인건비와 각종 제비용을 빼고 나면 휴가기간 한 달 수익이 1,800만 원이 된다. 물론 1년 중 가장 피크일 때의 수입이라고 한다. 나머지 기간은 평균 월수익 300만 원 수준이라고 귀띔했다. G씨는 시골에서 충분한 휴식과 여유로움을 느낄 수 있으니 펜션 사업이 아주 만족스럽다고 이야기한다.

SECTION 15

수익도 내고 문화적 안목으로
운영하는 게스트하우스

예능 프로그램 중에 〈헬로우 이방인〉이란 프로그램이 있다. 한국에 사는 남녀 외국인 출연자들이 게스트하우스에서 함께 생활하면서 한국 문화를 체험하고 서로 정을 나누는 프로그램이다. 낯선 도시와 지역의 정취를 느낄 수 있는 게스트하우스의 장점을 고스란히 예능으로 연결했다. 남녀 출연자들은 함께 식사도 하고, 한국의 목욕탕에 가서 한국문화를 접하기도 한다. 게스트하우스가 보편적인 문화로 자리 잡으면서 안방 TV에도 등장한 것이다.

게스트하우스(guest house)란 말 그대로 '손님이 머무는 공간'을 말한다. 잠을 자고 머무른다는 점에서 여관, 호텔 등 일반 숙박업소와 비슷하지만, 생활방식에서 차이가 난다. 먼저 침실은 도미토리(공동 침실) 형식이다. 보통 30~70m^2(9~21평)의 방에 4~8개 침대가 배치돼 있고, 이곳에서 '1인 1침대'로 일정 인원이 머무른다. 같은 일행이 한 방을 사용할 수도 있지만, 대부분 모르는 사람으로 구성된다. 물론 혼숙은 특별한 경우가 아니면 허용하지 않으며, 샤워실과 주방은 공동으로 사용한다.

게스트하우스 사업은 적은 자본으로 높은 수익을 원하는 사람에게 적합하다. 아파트, 연립, 다가구의 남는 방을 활용하거나 단독, 다가구, 상가 주택 등을 이용해 이 사업을 한다면 큰 자본을 투자하지 않고도 수익을 얻을 수 있다.

특히 재개발 대기 중인 지역의 단독주택이나 연립주택 등을 활용하거나, 다세대주택 등에서 이 사업을 한다면 단순 임대보다 2~3배의 수익을 얻을 수 있다. 상가주택을 소유한 경우도 상가와 주택을 연계해 게스트하우스 사업을 한다면 매출을 기대할 수 있다.

외국인 관광객이 늘어난 것이 배경

요즘 명동에 나가보면 내국인보다 외국인이 더 많다는 것을 실감할 수 있다. 중국인, 일본인, 미국인, 유럽에서 온 사람들까지, 전 세계 나라 사람들의 다양한 언어로 인해 이곳이 한국이 맞는 걸까라는 착각을 불러일으킨다. 그만큼 한국을 찾는 외국인 관광객이 크게 증가하고 있다. 게스트하우스는 이러한 배경에서 나온 특화된 숙박 시설이다. 정부와 지자체에서도 법령으로 외국인 관광객의 숙박 시설에 대한 지원의 폭을 넓히고 있다. '외국인 관광 도시민박업'은 도시지역의 주민이 거주하고 있는 주택을 이용하여 외국인 관광객들에게 한국의 가정문화를 체험할 수 있도록 숙식 등을 제공하는 내용으로 되어 있다.

서울시도 '외국인 관광 도시 민박업' 활성화에 적극 나서고 있다. 가뜩이나 부족한 관광 숙박 시설을 확충하고 유주택 은퇴자들의 일자리 창출에 도움을 주기 위해서이다. 또한 도시민박 등록업소와 전문 예약대행사를 소개하는 도시민박 통합 예약·홍보 사이트(stay.visitseoul.net)를 운영하고 있다.

저렴한 숙박비와 사랑방 분위기가 인기 비결

게스트하우스의 운영 방식은 독특하다. 한두 명도 아닌 여러 명이, 그것도 처음 보는 이들과 하룻밤을 보낸다는 것이 낯설다. 그러나 우려와 달리 게스트하우스의 다인 숙박은 순기능이 많다. 과거 시골 사랑방의 분위기가 묻어나는 곳이 게스트하우스이다.

타 숙박업소와 비교할 때, 게스트하우스의 큰 장점은 이용 가격이다. 여행에서 가장 큰 비중을 차지하는 요소 중 하나는 숙박비인데, 자칫 바가지를 쓰다가는 여행을 망칠 수도 있다. 더구나 상당수일반 업소는 성수기임을 강조하며 1박에 숙박비가 10만 원 이상까지 치솟은, 허름한 방 한 칸의 가격을 듣고 손님들은 혀를 내두르고, 결국 떨리는 손으로 지갑을 여는 경우가 다반사다.

하지만 게스트하우스에서는 이런 걱정은 필요 없다. 게스트하우스의 경우, 비교적 경쟁력이 있는 금액을 받는다. 또한, 아무리 극성수기 시즌이어도 가격 변동이 거의 없다. 이 외에도 오후 4시~익일 오전 11시의 입·퇴실 시간만 준수하면 추가 요금이 발생하지 않는 등 장점이 많아 인기가 높은 편이다.

북촌 한옥마을, 홍대 상권, 제주도와 지방 대도시 유리

게스트하우스는 보통 외국인을 대상으로 한다. 따라서 외국인이 선호하는 지역과 문화체험이 가능한 지역이 유망하다고 볼 수 있다. 쇼핑상권을 찾는 외국인을 위해서는 명동지역이나 회현동, 충무로역 인근이 입지 조건이 좋다.

또한 최근 급부상하고 있는 홍대 상권, 합정동 지역은 외국인들에게도 선호도가 높다. 도심 중심권인 북촌 한옥마을, 인사동도 한국문화 체험이란 점에서 장점이 있다. 이 외에도 제주도를 비롯한 지방의 특성화된 문화와 관광지의 경우 유망지역으로 선택할 수 있다. 국내 대학생이나 젊은 여행자가 많이 찾는 부산, 경주, 여수, 순천 등 큰 도시도 입지로 유망한 편이다.

문화적 자부심과 안목을 갖추고 운영해야

통계를 보면 연간 1,200만 명의 외국인이 한국에 관광을 오지만 재입국률은 40%가 되지 않는다. 10명 중 6명은 우리나라를 다시 찾지 않는다는 것이다. 이는 바가지요금 등 여러 요인이 있지만 숙박업소의 문제도 크다.

실제로 게스트하우스는 구청에 도시민박업으로 등록해야 하지만, 간혹 불법 게스트하우스가 고시원이나 다가구주택을 임의로 개조한 뒤 인터넷 등에서 홍보를 통해 버젓이 영업을 하고 있다.

얼마 전 서울 인사동에서 발생한 대형화재로 인해 인근 게스트하우스에 있던 외국인 관광객이 연기를 마셔 병원에 후송된 사건도 있었다. 국가 이미지에 큰 해가 될 만한 사건이었다. 게스트하우스는 수익성을 목적으로 해야겠지만 외국인을 대상으로 하는 만큼 문화적으로 좋은 영향을 줄 수 있는 안목과 능력을 갖추고 운영하는 것이 필요하다.

서울 성북동에서 게스트하우스 운영 중인 F씨(55)

서울 성북동에서 게스트하우스를 운영 중인 F씨는 자신이 사용하는 건물 1층을 게스트하우스로 개조했다. 창경궁을 비롯한 관광지에 접근성이 좋고 시내에 인접했다는 장점을 살려 게스트하우스를 마련한 것이다.

창업에 필요한 비용은 200만 원 정도 들었다. 친환경 소재의 페인트로 칠을 하고 매트리스와 침대를 구비했다. 오랫동안 사용하지 않고 보관하던 전통 고가구를 들여놓는 것으로 많은 비용을 절약했다. 한국의 자연스런 미를 느낄 수 있는 인테리어는 외국인들에게 오히려 좋은 반응을 얻었다.

그녀는 사이트를 이용해 자신의 집을 사진으로 찍어 올리고 영어로 홍보하고 있다. 사이트를 통해 외국인 여행객이 꾸준히 숙박 문의를 한다. F씨의 게스트하우스는 장기예약이 들어올 정도로 높은 호응을 얻고 있다.

물론 힘든 일도 많다. 게스트하우스의 시스템을 제대로 이해하지 못하고 막무가내인 손님에 의해 발생하는 해프닝이다. 가령 에어컨, 온수 등을 과다 사용하거나 심지어 치약, 수건, 휴지 등을 훔쳐가기도 했다. F씨는 '공중 에티켓을 지키지 않고 양심이 바르지 않은 행동은 선의의 이용객들에게 피해를 준다'면서 '나 하나쯤이야'라는 생각을 버리고 다른 이용객을 배려하는 공동체 의식이 아쉬운 때가 종종 있다고 말했다.

F씨는 '처음엔 이런 방식에 이해를 못해 낯설어하는 손님도 나중엔 만족해하며 돌아간다'면서 '일부 손님 룸메이트들은 여행의 동반자가 되기도 한다'고 게스트하우스의 특징을 얘기했다.

무주택 실수요자 우대하는
새로운 주택청약제도

직장인 J씨(38)는 매달 20만 원 납입 조건으로 주택청약종합저축 통장을 개설했다. 2015년 결혼 후 내 집을 마련하면서 해지했던 청약통장을 다시 만든 것이다. J씨가 청약통장을 만든 이유는 경기 고양시의 새 아파트에 청약하기 위한 것.

주택청약제도는 부동산 은퇴설계에서 빼 놓을 수 없는 주택 마련의 기회라 할 수 있다. 주택청약이란 신규 아파트 분양을 신청하는 것. 청약종합저축은 국내 거주자라면 시중 은행에서 누구나 가입할 수 있고, 매월 2만~50만 원 이내에서 1만 원 단위로 자유롭게 납입이 가능하다.

청약 접수는 1순위와 2순위로 나눠 차례대로 진행된다. 수도권·지방에 관계없이 투기과열지구 또는 청약조정 대상 지역에서는 청약통장 가입 후 2년(수도권 이외 지역은 6개월)이 지나고 납입 횟수가 24회 이상이거나, 납입금이 청약예치 기준액 이상이어야 청약

1순위 자격이 주어진다.

실수요자를 우대하는 제도

2018년 투기과열지구 또는 청약조정대상지역의 1순위 자격이 강화됐다. 우선 청약통장 가입기간은 2년, 납입횟수는 24회 이상이어야 한다. 다음으로 가구원 중 1명이라도 주택을 1채 이상 보유하면 1순위가 될 수 없다. 또한 가점제로 당첨된 사람과 그 가구에 속한 사람은 2년간 가점제 청약을 할 수 없다. 전입신고일 기준으로 해당 지역에서 1년 이상 거주해야 한다는 요건도 마련됐다.

주택청약제도는 투기세력이 아닌 실수요자에게 더 많은 기회가 돌아가야 한다는 지적이 계속 제기됐다. 이에 따라 같은 순위 내에서도 우선 순위를 가리는 청약 가점제가 도입돼 가점제 적용 비율이 매우 확대되었다.

가점제 적용비율 확대

청약제도를 통해서는 국민주택과 민영주택에 입주할 수 있다. 국민주택은 정부나 LH, 지자체가 건설하거나 주택도시기금의 지원을 받아 건설한 82m^2 이하의 주택을 말한다. 민영주택은 국가·지방자치단체 등이 공급하는 전용면적 82m^2 초과 주택과 민간이 건설한 주택을 말한다.

가점제 적용비율이 확대되었다. 민영주택 공급시 가점제를 우선 적용하여 입주자를 모집하여야 하는 주택 비율이 투기과열지구에서 공급되는 85m^2 이하 민영주택의 경우에 일반공급 주택 수의 75%에서 100%로 확대된다.

또한 청약조정 대상지역에서는 85m^2 이하 민영주택은 40%에서 75%로 늘어나고, 85m^2 초과 민영주택은 그동안 가점제 적용을 하지 않았으나 30%를 적용하도록 하였다.

유주택자는 가점제 적용이 제외되므로, 투기과열지구 및 조정대상지역에서 가점제 적용 비율이 확대됨에 따라 무주택 실수요자가 주택을 우선 공급받을 수 있는 기회가 확대된다. 한마디로 무주택 실수요자에게 더 많은 기회가 주어질 것으로 전망된다.

청약제도 개편 내용

구분	기존	변경
국민주택 청약 자격	무주택 세대주만 가능	무주택자 누구나 가능
수도권 저축 1순위	2년(24회)	1년(12회)
청약 예치금액 변경	가입 후 2년, 변경 후 3개월	즉시 가능
유주택자 감점제	5~15점 감점	폐지
소형 저가주택 기준	$60m^2$(18평)·7,000만 원 이하	$60m^2$·1억 3,000만 원 이하(수도권 외는 8,000만 원)
민영 85㎡(26평) 이하 가점제	40%	지자체 자율(2017~)

자료 : 국토교통부

주택 청약제도의 변화

기존		개선
기존		개선
지자체(지율)	민영주택 85㎡ 이하 가점제 비율	30%
예치금액 충족 시 즉시	청약주택 규모 변경	가입 후 2년 이상
종합저축 일원화	청약통장 종류	청약(예금, 저축 부금), 종합저축
1, 2순위 통합 (가입 1년, 12회 이상 납부)	입주자 순위 선정 (수도권)	1순위 : 2년 24회 2순위 : 6개월 6회

청약 순위와 요건

1순위 입주자저축 가입기간 2년, 월 납입금 24회 이상

2순위 청약 가능 지역 거주자 중 추첨

진화된 임대주택을 지향하는 장기전세주택

서울 은평구 뉴타운에 장기전세주택(SHift)으로 들어간 S씨(51). 북한산이 가깝고, 공기가 좋아 S씨는 크게 만족해한다. 그는 향후 15년까지 장기전세주택에서 행복한 노후 대비를 할 예정이다. 처음 그는 장기전세주택을 신청했다가 2번의 실패를 맛보았다. 그러다가 딸을 새로 얻고, 3번째 도전 만에 은평구 100㎡(30평) 아파트에 당첨되었다. 그는 다른 아파트 단지와 견줘 전혀 손색이 없는 당첨 아파트로 인해 주거 걱정이 없다.

장기전세주택은 2007년 초 서울시가 최초로 도입한 진화된 임대주택 제도이다. 장기전세주택은 '사는 것'이란 주택 정책을 넘어 '사는 곳'이라는 주거복지정책을 포괄하는 내용을 담고 있다. 장기전세주택을 주관하는 SH공사는 2007년부터 2014년까지 27회에 걸쳐 2만 6,000여 가구를 공급했다. 장기전세주택은 주변 전세가격의 80% 수준에 최장 20년까지 거주할 수 있어, 무주택 서울시민의 큰 관심을 불러일으키고 있다. 장기전세주택은 기존 공공임대주택이 소형 위주로 공급했던 관행을 깨고, 중·대형 평형 주택도 공급하고 있다.

지역별, 규모별 기존 임대주택과 차별화

장기전세주택은 장지지구, 반포지구, 강일지구, 발산지구, 신내지구, 상암지구, 은평뉴타운, 상계 장암지구, 기타 지역 등으로 고루 분포돼 있다. 또한 택지개발 및 도시개발 사업지구에도 건설되는 등 다양한 유형을 보이고 있다.

　기존 임대주택이 도심을 벗어나 변두리 지역에 주로 위치했다면, 장기전세주택은 장지지구처럼 주변에 주거단지가 이미 형성된 곳이나 반포지구와 같이 이미 아파트 단지가 잘 위치한 곳에 분포돼 있다. 이처럼 장기전세주택은 입지적인 면에서도 기존 임대주택과 차별화가 특징이다. 이 외에도 기존 임대주택이 소형 위주의 물량이었다면 장기전세주택은 중·대형 규모의 물량이 공급돼 중산층을 흡수할 수 있는 국민임대주택으로서 기능을 하고 있다.

장기전세주택 자격기준

장기전세주택은 자격요건을 유지하고 지속적인 거주의사가 있으면, 2년 단위로 계약갱신을 거쳐 최장 20년까지 안정적인 주거를 할 수 있다. 무엇보다도 장기전세주택은 임대보증금이 저렴한 것이 장점이다. 보통 주변 전세 시세의 80% 수준인데, 지역에 따라서는 50~60% 수준이 되기도 한다. 임대보증금은 퇴거할 때 전액 돌려받을 수 있다.

장기전세주택의 청약자격은 먼저 전용 $60m^2$(18평) 미만, 전용 $60m^2$ 이상 $85m^2$(26평) 이하, 전용 $85m^2$ 초과, 재건축 등의 규모에 따라 세세한 부분이 다르다. 가령 소득기준과 주택 보유 유무, 자동차 규모 등에 따라 자격기준이 제한된다. 얼마 전 장기전세주택 일부 아파트에서 외제차 등의 주차가 보도돼 물의를 일으킨 바 있는데, 모두 자격기준과 매우 밀접한 관계가 있는 사항이다.

또한 공급의 종류도 다양하다. 일반공급과 우선공급으로 나누는데, 일반공급의 경우 고령자를 대상으로 하고, 우선공급의 경우는 장애인, 신혼부부, 국가유공자 등을 우선한다.

입주조건(2017년도 기준)

- **소득기준**
  - 전용면적 60㎡ 이하: 무주택세대구성원으로서 전년도 도시근로자 가구당 월평균소득의 100% 이하
  - 50㎡ 미만: 가구당 월평균소득의 50% 이하인 자에게 우선공급
  - 50~60㎡ 이하: 가구당 월평균소득의 70% 이하인 자에게 우선공급
  - 전용면적 60㎡ 초과~85㎡ 이하: 무주택세대구성원으로 전년도 도시근로자 가구당 월평균소득의 120% 이하

- **자산보유 기준**
  부동산(토지 및 건축물): 21,550만 원 이하
  자동차: 2,522만 원 이하

임대주택 입주자 선정 순위

구분	입주자 선정순위
전용면적 50㎡(15평) 미만	제1순위 : 당해 주택이 건설되는 시·군·자치구에 거주하는 자 제2순위 : 당해 주택이 건설되는 시·군·자치구의 연접 시·군·자치구 중 사업 주체가 지정하는 시·군·자치구에 거주하는 자 제3순위 : 제 1·2순위 이외의 자
전용면적 50㎡ 이상	제1순위 : 청약저축에 가입하여 24회 이상 납입한 자 제2순위 : 청약저축에 가입하여 6회 이상 납입한 자

상암동 장기전세주택 입주 앞둔 N씨(67)

서울 서대문구에서 식당을 운영하고 있는 N씨는 서울 상암동의 49㎡(15평) 장기전세 아파트 입주를 했다. 그녀는 집 창문으로 내다 본 바깥 풍경이 탁 트이고, 바람도 잘 불어 매우 마음에 든다. 식당을 운영하며 아들과 함께 살고 있는 N씨가 장기전세주택을 알게 된 것은 친구 덕분이다.

평소 임대주택은, 주택이 작고 쾌적하지 못하다는 선입견을 갖고 있던 N씨는 상암동 친구의 장기전세주택 아파트를 방문하고 매우 깨끗한 환경에 크게 놀라 그 다음날 바로 인터넷에 장기전세주택 신청을 했다. 처음 신청했다가 떨어진 바 있는 N씨는 그번째 신청을 해서 당첨이 됐다.

장기전세주택의 경우 거주자가 해당 기준에서 벗어나거나 관리비 미납 등으로 인해 퇴거하는 경우가 있다. 이때 선순위를 받은 신청자가 입주에 성공하는 경우가 있다. N씨가 바로 그런 케이스였다. 상암동 장기전세주택은 3년된 아파트로 내부 시설도 아주 쾌적해 N씨의 만족도는 높다. 또 식당과 집의 거리가 버스로 20분 정도 걸려 교통도 좋다. 화장실에도 욕조가 있어 그녀에게는 남부럽지 않은 아파트이다.

N씨는 5,000만 원의 보증금을 내고 들어갔다. 만일 보증금 외에 약 4,000만 원의 금액을 더 내면 전세로 살게 되고, 아니면 5,000만 원의 보증금 외에 임대료를 더 내면 되는데, 양쪽 모두 N씨에게 크게 부담이 안 되었다.

비교적 저렴한 백반 위주로 팔고 있는 N씨의 식당은 단골이 많은데, 그녀가 장기전세주택으로 거주가 안정적이 되다 보니 식당 운영에도 한결 여유가 생겼다.

시세차익과 절세효과가 장점인 분양전환 임대아파트

분양전환 아파트를 주목해 보자. 분양전환 아파트는 5~10년 장기간 전세로 거주하다 내 집으로 전환할 수 있어 초기 비용 부담이 덜하고 투자 리스크를 줄일 수 있다는 장점을 갖고 있다. 또 입주자와 회사 측이 합의하면 의무 임대기간의 절반(2년 6개월)이 지난 시점부터 분양전환도 가능하다. 특히 최근 지방을 중심으로 미분양 아파트가 나오면서 민간 아파트 분양 물량에서도 분양전환 임대아파트로 전환하는 것이 많아 수요자들의 구미를 당긴다.

공공임대와 민간 임대아파트만 분양전환 가능

분양전환 임대아파트는 크게 영구임대, 국민임대, 공공임대, 민간임대 등으로 구분할 수 있으며, 이 중 공공임대와 민간임대아파트만이 의무임대 기간 후 분양전환이 가능하다. 공공임대아파트는

LH 또는 지방도시공사 등에서 공급하며 영구임대아파트나 국민임대아파트와는 달리 5년이나 10년 임대 후 분양전환할 수 있다. 청약통장이 있어야 하고 무주택 자격 요건을 갖춘 상태로 분양전환 시까지 세대주 및 세대원 전원이 무주택 요건을 유지해야 한다.

　민간임대아파트는 LH나 지방도시공사 외에 민간 건설업체가 분양하는 것으로 의무 임대기간은 통상 5년이다. 과거 판교신도시와 같이 공공택지에 들어서는 민간임대아파트도 공공임대주택으로 편입되어 10년의 의무 임대기간이 적용되었으나, 분양전환 시기가 길어 민간 건설사들이 임대아파트 공급을 꺼리면서 2009년 임대주택법 개정을 통해 민간 임대아파트 분양전환 시기를 10년에서 5년으로 단축했다.

취득세와 재산세 부과 안 돼 절세효과

분양전환 임대아파트의 장점은 장기간 내 집처럼 살 수 있으면서, 소유권을 취득할 때까지 취득세나 재산세 등 세금을 내지 않는다는 장점이 있다. 또한 통상 시세보다 감정가격이 낮게 평가되기 때문에 상황에 따라서는 약간의 시세차익도 가능하다.

　물론 임대료나 시세차익 면에서 공공에서 공급하는 분양전환 아파트나 서울시 SH공사의 장기전세주택 시프트에는 조건이 조금 못 미칠 수 있지만 입주조건이 까다롭지 않다는 것이 장점이다.

분양전환 시기나 분양가 산정, 꼼꼼히 챙겨야

민간임대아파트는 입주 신청 자격을 사업자 스스로 정할 수 있기 때문에 임대보증금, 임차인 자격, 분양시기 등을 임대사업자가 임의로 결정할 수 있다. 또한 공공임대아파트와 동일하게 임대사업자와 합의를 통해 임대 의무기간의 1/2이 경과하면 분양전환할 수 있다. 다만 국민주택기금의 지원을 받는 경우 5년 공공임대아파트 규정을 따르게 돼 입주 신청 자격이나 분양 전환 방식 등에서 공공임대 단지처럼 적용을 받는다.

분양가 결정시기와 방법도 다르다. 공공임대아파트는 분양전환 당시 인근 아파트 시세를 기준으로 분양가를 산정한다. 주변 아파트 시세에 대한 감정평가금액의 80~90% 수준으로 분양가격이 정해진다. 그런데 일부 분양전환 아파트의 경우 임대사업자와 임차인과의 분양가 산정을 둘러싸고 분쟁도 일어난다. 따라서 초기부터 분양전환 시기나 분양가 결정 시기, 분양조건 등을 꼼꼼하게 따져봐야 한다.

분양전환 시에 알아두어야 할 분양전환 대상자, 분양전환 시기, 분양전환 가격은 다음과 같다.

- **분양전환 대상자**(10년 임대, 5년 임대 동일)
  - 전용 85㎡ 이하 : 전용 85㎡ 초과
  - 분양전환 당시 거주하는 무주택세대주 : 분양전환 당시 거주자

- **분양전환 시기**

  임대 의무기간 종료 후(임대 개시일부터 5년, 10년 이후)

  단, 임대 의무기간의 1/2이 지난 경우 임대 사업자와 임차인이 합의하면 분양 전환 가능

- **분양전환 가격**
  - 5년 임대주택 : (건설원가+감정 가격) /2
  - 10년 임대주택 : 감정 가격

  ※분양하기로 결정한 날을 기준으로 2인의 감정평가업자가 평가한 당해 주택의 감정평가금액의 산출평가금액으로 산정

  ※분납 임대의 경우 분양전환 가격으로 분납금(초기 분납금, 중간 분납금, 최종 분납금)이 가능함.

분납금 산정기준 및 납부시기

분납금 납부시기	납부비율	납부기준
입주 시까지	전체 지분의 30%	최초 주택 가격(택지비 조성원가의 60~85%+표준 건축비)
입주 후 4/8년	40%(각 20%)	최초 주택 가격+기간이자와 감정 가격 중 적은 금액
임대기간 종료 시	30%	감정가격

- 전체 지분 중 입주가가 납부한 지분금을 제외한 나머지 부분에 대하여는 임대료 부과

분양전환 가격 산정 업무 흐름도

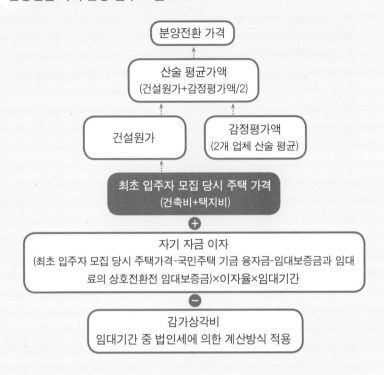

분양전환 임대주택 접근 방법

1. 5년~10년 후 분양전환이 가능하므로 장기적 관점으로 접근해야 한다

2. 미래가치가 있는 입지를 선택한다

   5년 이상 된 아파트는 지역호재에 영향을 더 받는다.

3. 예상 전환가는 주위 시세의 70~80%로 판단하여 접근한다

   • 조건 : 소액 부동산(토지) 215,500,000원 이하 및 자동차(27,990,000
   원 이하) 보유자도 신청할 수 있다. (전용면적 85㎡를 초과한 물건의 경
   우, 수도권은 청약 가입 2년이 경과, 24회 납입/비수도권은 청약 가입 6개
   월을 경과한다. 6회 납입한 자에 한한다. 청약통장은 필수이다.)

분양전환 아파트로 분양받은 K씨(45)

결혼과 동시에 경기도 부천 LH 공사의 분양전환 임대아파트에 입주한 K씨는 신혼생활을 이 아파트에서 시작했다. 아파트 임대료는 매달 20만 원을 냈고, 임대 보증금은 3,200만 원을 냈다. 5년 후 K씨는 분양전환을 받아 자신의 집을 만들었다.

분양 후 자신의 등기가 되기 전까지 이 아파트는 철저하게 임대로 사는 임차인의 위치였다. 그 점이 K씨에게는 다소 불편한 상황이었다. 자신의 근무지가 서울 남부였을 때는 교통이 그리 멀지 않았는데 서울 북부 지역으로 옮겨지다 보니 직장과 집의 거리가 매우 멀어졌다.

많은 고민을 한 K씨는 지금 살고 있는 집을 전세로 놓고 옮겨가려고 했지만 전세는 불가능했던 것. 그때부터 K씨는 자신의 거처가 좀 부담스러웠다. 그래도 K씨는 직장의 불편함을 감수한 채 8년 후 최종 등기를 했다.

무엇보다도 신혼 때부터 살아온 이 아파트를 주변 아파트 시세보다 좀 더 저렴하게 구입한 것이 장점이다.

쾌적한 주거 환경을 가져다 줄
LH 행복주택

지방에서 상경해 직장을 구한 사회 초년생 Z씨(29). 취업난에 구직을 했다는 기쁨도 잠시였고 직장생활 적응에, 종로에 있는 직장과 거주하는 원룸까지의 출퇴근이 짐짓 피곤하기만 하다. 특히 반지하 원룸은 생활하기에 매우 불편했다. 그러던 중 우연히 신문에서 접한 행복주택 관련 기사가 눈에 띄었다. 저렴한 임대료를 내고 보다 쾌적한 생활이 가능한 행복주택에 입주할 자격이 되는지, 또 어떻게 신청해야 하는지가 궁금하다.

서민을 위한 대표적인 임대주택 정책이 행복주택이다. 임대주택 정책은 이명박 정부의 보금자리 주택 등 각 정부가 명칭은 달리했지만 지속적으로 추구해온 서민을 위한 주택 정책이다.

우리나라 최초의 임대주택은 1962년 대한주택공사에 의해 건설·공급된 마포구 도화동의 소형 아파트였다. 임대주택 육성을 위한 제도적 장치들은 1980년대에 들어와서 비로소 마련되기 시작했다. 1981년 3월, 정부는 주택임대차보호법을 제정하고 1984년 12월 31일 임대주택건설촉진법을 제정하여 공포하였다.

정부는 이러한 법률적 정비 속에서 1980년대 후반부터는 주택 200만 호 건설계획 중 60만 호(30%)를 임대주택으로 지정하는 등 본격적인 임대주택정책을 추진했다. 1990년대에도 국민임대주택 제도로 이어졌고, 2000년 후반에는 장기임대주택 확보 추진, 임대 주택 80만호를 포함한 보금자리주택 150만호가 공급되는 등 임대 주택 정책은 오랜 기간 서민 주거안정을 위한 제도로 기능해왔다.

공공임대, 국민임대, 영구임대, 신축 다세대임대

국가의 임대주택을 총괄하는 곳은 LH공사(한국토지주택공사)이다. LH공사에서 운영하는 장기임대주택은 총 4가지로 구분된다. 공공 임대, 국민임대, 영구임대, 신축다세대 매입임대가 바로 그것. 보통 영구임대의 경우 법적으로 보호해야 할 대상인 기초생활수급자, 국가유공자, 일본군 위안부 피해자, 새터민 등에게 우선권이 주어 진다.

은퇴 이후 임대주택을 준비하는 사람이라면 공공임대나 국민임 대제도를 겨냥하면 된다. 공공임대의 경우 도시근로자의 평균 소 득을 올리는 사람을 위한 제도로 보면 된다.

또 국민임대는 공공임대보다 상대적으로 저소득층의 사람을 위 한 임대제도로 보면 무리가 없다.

1~2인 가구의 젊은층에게 기회 주는 행복주택

행복주택은 젊은층의 주거안정을 위해 정부가 시세보다 저렴하게 공급하는 공공임대주택이다.

행복주택이 기존 공공임대주택과 다른 점은 입주 계층과 입주 지역이다. 기존 공공임대주택이 다양한 사회적 배려 대상과 저소득층에게 입주 기회가 주어진 반면, 행복주택은 대학생, 사회초년생, 신혼부부 등 1~2인 가구에게 입주자격을 준다.

입주 지역도 기존과는 차별화된다. 기존 임대주택이 도심 외곽에 위치한 신도시 등에 집중됐다면 행복주택은 사회활동이 왕성한 젊은층이 선호하는 대중교통이 편리한 곳에 조성된다. 다양한 커뮤니티 시설도 들어설 계획이 있어서 정책 내용만큼 실행된다면 기존 임대주택과 매우 다른 모습을 보인다.

SH공사는 2018년 8월 30일 송파 헬리오시티, 은평 준주거2(오피스텔) 등 총 16개 지구(단지)에 행복주택 3,170세대를 공급하는 내용으로 입주자모집을 공고했다. 신규공급 3,135세대 물량 중 주거난에 시달리는 신혼부부에게 가장 많은 1,442세대가 배정됐다. 사회초년생 등 청년 996호, 대학생 120호가 공급되고 고령자와 주거급여수급자 계층에도 각각 493세대, 84세대가 제공됐다.

이처럼 행복주택은 정부가 대학생, 청년, 신혼부부를 대상으로 80%를, 만 65세 이상의 고령자와 주거급여수급자에게 20%를 공급하는 등 사회적 약자에게 혜택이 돌아가도록 정책을 집행 중이다.

우선공급자의 자격조건 갖추면 유리

구체적인 계획은 행복주택 공식 홈페이지에 입주자 모집공고에서 확인할 수 있다. 먼저 우선공급자를 선정하고 일반 공급 신청을 받을 예정이다. 우선공급 대상자는 해당 지방자 치단체장이 거주기간 등 조건에 부합하는 이들을 1차로 선정한다. 우선공급대상 1차 선정에서 탈락하면 일반 공급에 자동으로 신청되기 때문에 우선공급자로서의 조건을 갖추는 것이 중요하다. 일반 공급 대상자(대학생, 사회초년생, 신혼부부, 노인계층, 취약계층)는 우선 공급 대상 선정 이후 추첨을 통해 입주자로 선정된다. 대학생과 사회초년생, 신혼부부, 노인, 취약계층에 해당하지 않는 일반인들은 신청 자격이 없다.

행복주택 계층별 입주조건

구분	각종 기간 및 나이	소득	거주기간
신혼부부	결혼 5년 이내	도시근로자 평균소득(3인가족 기준 월 461만 원) 이하	6년
대학생	졸업까지 1년 이상	부모소득이 도시근로자 평균소득 이하	4년
사회초년생	취업한 지 5년 이내	도시근로자 평균 소득의 60%(3인가족 기준 월 276만 원)	6년
노인	65세 이상 무주택자	20년	
취약계층	기초생활수급자, 주간소득구간의 43%(4인가족 기준 월 173만 원)		

자료 : 국토교통부

PART 4

이슈형 부동산 은퇴설계

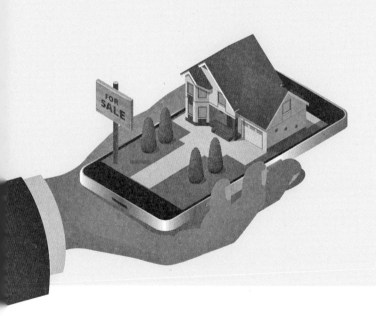

제주도 투자, 혁신도시, 서비스산업
활성화 대책, GTX 등 최근 이슈가 되는
사안을 집중적으로 조명한다.

SECTION 1

2030 서울시 생활권 계획으로
'소통과 배려'의 도시 지향

2018년 서울시는 '2030 서울시 생활권 계획'을 수립해 동 단위까지 장기 발전 계획을 세웠다. 향후 20여년 간의 도시 발전 로드맵이 완성된 것이다. 서울시 생활권 계획은 2014년 수립한 '2030 서울 플랜'의 후속 계획이다. 서울 플랜이 '3도심 - 7광역중심 - 12지역 중심'의 광역 계획이라면, 생활권 계획은 동네 중심의 생활밀착형 계획이다. 서울 전역을 5개 권역(35개 핵심 이슈, 111개 목표, 263개 세부 전략)과 116개 지역(116개 미래상, 492개 목표, 1128개 세부 전략) 단위로 나눴다. 5개 권역은 ●동남권: 잠실과 강남 일대 ●동북권: 창동·상계, 청량리·왕십리 ●서남권: 영등포·여의도, 가산·대림, 마곡 ●서북권: 상암·수색 ●도심권 등이다. 시는 주민들이 참여해 지역별 이슈와 과제를 담아낸 '지역 맞춤형 도시계획'이라고 밝혔다.

2017년 수서발 고속철도(SRT) 개통, 코엑스~잠실운동장 일대

국제교류복합지구 조성 사업 등이 진행된 동남권은 마이스(MICE) 산업 거점 육성, 첨단업무 서비스 강화 등을 통해 글로벌 금융·복합 도시로 육성된다.

동북권은 문화·산업·일자리·도시 인프라 등 자족 기능을 갖추는 것을 목표로 삼고 있다. 동부간선도로 지하화 및 중랑천 시민공원 조성 등으로, 중랑천을 발전축으로 삼고 있다. 서남권은 미래의 서울 신성장을 선도하고 삶의 질을 개선하는 지역으로 육성된다. 이 일대에서는 준공업지역의 산업 변화 및 G밸리(서울디지털산업단지 일대), 마곡 연구·개발(R&D)산업단지 등 신성장 거점 사업이 진행되고 있다.

서북권은 살기 좋은 주거환경과 창조문화산업 선도 지역을 목표로 삼고 있다. 서울시는 경의선 상부 선형공원 조성, GTX-A 광역철도, 신분당선·서부선 신설 등이 진행 중인 여건을 감안해 경의선 문화축과 불광천 발전축 등 개발계획을 수립했다. 종로구 일대를 중심으로 한양도성 지역이 포함된 도심권은 과거와 미래가 공존하는 역사문화 중심으로 육성한다는 게 서울시의 계획이다.

서울 전역 경전철 사업도 주목

경전철 사업도 빼놓을 수 없다. 서울시는 2013년 대중교통 체계를 철도 중심으로 바꾸기로 하고 9개 노선, 총연장 85.41㎞의 경전철을 단계적으로 건설하는 「서울시 도시철도 종합발전방안」을 발표해 추진해 오고 있다. 9개 노선은 ▶신림선(여의도~서울대 앞) ▶동북선(왕십리역~상계역) ▶면목선(청량리~신내동) ▶서부선(새절~서울대입구역) ▶우이-신설 연장선(우이동~방학 동) ▶목동선(신월동~당산역) ▶난곡선(보라매공원~난향동) 등 7개 노선과 정부 광역교통 개선대책에 반영된 ▶위례-신사선(위례신도시~신사역) ▶위례선(복정역~ 마천역) 등이다.

2017년 서울의 첫 경전철인 우이-신설선이 도입됐다. 이 노선은 강북구 우이동과 동대문구 신설동을 13개 역으로 연결하는 노선이다. 총 연장 11.4km이고 환승역은 성신여대입구(4호선), 보문(6호선), 신설동(1·2 호선) 등 3곳이다. 모든 전동차를 무인 운행하며, 경전철로는 처음으로 전 구간이 지하에 건설된 게 특징이다.

나머지 8개 노선도 공사를 시작하고 있다. 우선 2022년 개통 예정인 신림선은 서울 여의도 샛강역부터 대방역, 여의대방로, 보라매역, 보라매공원, 신림역을 경유해 관악구 신림동(서울대앞)을 연결하는 총 7.8km의 경전철이다. 총 10개 역(환승역 4개)이 건설되고 역사는 대방로와 도림천을 따라 형성될 예정이다.

동북선은 우이신설선, 신림선에 이어 서울시에서 세 번째로 추진하는 경전철로, 서울시는 최근 민간투자사업 협상대상자인 동북선경전철㈜과 최종 협상을 마무리했다. 이에 따라 기존 사업 주관사가 법정관리에 들어간 뒤 새 사업자를 선정하느라 차질을 빚었던 동북선 경전철 사업이 본궤도에 오르게 됐다.

서부선과 위례신사선 역시 2017년 사업을 재개했다. 은평구 새절역(지하철 6호선)과 관악구 서울대입구역(지하철 2호선)을 잇는 서부선 경전철은 올해 초 사업 주간사인 두산건설이 서울시에 사업제안서를 접수했다. 서부선은 특히 당초 새절역~장승배기역을 잇는 총연장 12.05km가 계획됐으나 이번 사업제안서에서는 새절역에서 서울대입구역까지 16.23km로 늘어났다. 역은 모두 16곳이 설치된다. 이 노선이 개통하면 새절역이나 명지대 앞에서 서울대입구역까지 지금은 50여 분이 걸리지만 절반 이하로 단축될 것으로 기대된다. 이밖의 노선도 속속 건설계획을 진행중이다.

앞으로 건설될 서울시의 경전철 진행 상황에 주목해 보자.

소통과 배려가 있는 시민도시 지향

향후 20년간 서울의 도시경영은 '소통과 배려가 있는 행복한 미래도시'라는 콘셉트가 정해졌다. 세계 유수의 도시들이 그 도시만의 시대정신을 담아내듯이 서울도 2030년을 목표로 당면한 무수한 문제들을 해결하고, 한 단계 도약하자는 것이다. '삶의 질', '도시경쟁력', '서울다움', '도시의 지속 가능성' 등은 서울시정이 추구하는 키워드들이다.

실제로 뉴타운 구역에서 해제된 종로구 창신·숭인지구의 재생사업도 추진되는 등 지역마다 도심재생이라는 화두 속에서 도시의 발전을 꾀하고 있다. 도시정비사업은 기존 뉴타운·재개발 대신 도시재생을 위한 정비사 업으로 패러다임을 전환한 것이다. 개발보다는 소통과 배려라는 키워드가 더 친근한 게 서울시의 콘셉트다.

효과적인 대출과
부채탕감 전략이 중요

2013년 용인에 한 상가를 6억 5,000만 원에 분양받은 L씨(48). 평소 용인지역에 대한 지식이 많다고 자부한 L씨는 과감하게 수익형 부동산인 상가에 도전했다. 이에 따라 분양가격의 40%인 2억 6,000만 원을 대출로 충당해 대금을 완납했다. 그런데 당초 예상과는 다르게 분양실적이 저조하고 상권 활성화의 기대를 모았던 용인경전철의 이용승객도 저조했다. 이에 상권이 잘 형성되지 않아서 장사가 안 되다 보니 임차인이 몇 개월에 한 번씩 월세를 연체한 것이다. 상황이 이렇다보니 L씨는 최초 임대수익의 절반에도 미치지 못하는 임대료를 받고 있어 대출이자 내기에 큰 어려움을 겪고 있다.

부동산 투자에서 대출은 지렛대로서 이용하면 순기능을 하지만 동전의 양면처럼 늘 위험요소를 갖고 있다. 투자자들의 현명한 대출 활용 전략이 필요하다. 정부는 늘어나는 가계부채에 따른 부담감으로 대출을 규제하는 정책을 펴고 있다.

구체적으로 살펴보자. LTV(loan to value ratio)란 집을 담보로 얼마까지 돈을 빌릴 수 있는가를 말한다. 가령 3억 원짜리 집에 LTV가 70%라면 2억1,000원까지 대출이 가능하다는 것. 정부는 LTV, 우리말로 주택담보대출인정비율을 조정대상지역, 투기과열지구, 투기지역으로 나눠 부동산 투자가 뜨거운 지역은 LTV를 낮추는 정책을 펴고 있다. 다만 대출자가 서민 실수요자에 한해서는 완화를 펴고, 주택담보대출(주담대) 미보유와 주담대가 1건 이상 있는 수요자 등에 대해서는 차등 정책을 펴서 실수요자 중심의 대출 유도 정책을 펴고 있다.

DTI(debt to income ratio)는 가령 2,000만 원 연봉 급여자가 DTI 60%라면 연간 원리금 상환금액이 1,200만 원을 넘지 않게 대출 받으라는 의미이다. DTI의 경우도 조정대상지역, 투기과열지구, 투기지역으로 나눠 차등 정책으로 진행되고 있다.

2018년 정부는 기존 DTI가 대출자의 상환능력을 더욱 정확히 반영할 수 있도록 소득, 부채 산정방식을 개선한 제도인 신DTI를 내놓았다. 신DTI는 모든 주택담보대출 원리금과 기타 대출 이자를 더해 연간소득을 나눈다. 대출자의 1년치 소득만 확인하던 기존 소득 산정 방식에서 벗어나 최근 2년간의 증빙 소득을 확인한다. 또한 2018년 하반기부터는 DSR(Dept Service Ratio)이 추가적으로 도입될 예정이다. 총부채원리금상환비율인 DSR은 대출자가 1년간 갚아야 할 모든 대출의 원리금 상환액이 연간 소득에서 차지하는 비율을 말한다. 대출 가능 액수를 계산할 때 대출자가 가진 주택담보대출은 물론 신용대출, 한도대출의 원리금 상환액을 모두 포함한다. 부동산 은퇴설계를 앞두고 대출 영역은 꼭 필요할 수도 있고, 반면 위험한 변수가 될 수도 있다. 효과적인 대출과 부채 탕감은 은퇴설계 시 꼭 필요한 전략이다.

레버리지는 부동산 경기 호황일 때 효과적

레버리지는 '지렛대'라는 의미로 금융계에선 차입을 뜻한다. 특히 레버리지는 경기가 호황일 때 할 수 있는 효과적인 투자법이다. 만일 부동산 시장이 한창 상승 국면이라면 레버리지를 활용해 적극적인 대출 전략을 사용할 수 있다. 반면 부동산 경기가 안 좋을 때의 대출 전략은 소극적으로 나갈 수밖에 없다.

실제로 무조건 대출을 꺼리는 경우나, 반대로 극도로 대출을 선호하는 경우 모두 바람직한 투자 방식은 아니다. 특히 과도한 대출의 경우 만약 기대한 부동산의 임대수익이 잘 풀리지 않는다면 대출이자의 부담으로 매우 힘들어지는 상황이 초래된다.

감당할 수 있는 부채만 져라

일본에서는 1990년대, 잃어버린 10년 동안 부동산 가격이 떨어지면서 '대차대조표 갭'이라는 말이 유행했다. 부동산 버블이 꺼지면서 집값은 하락하는데 집을 담보로 대출받은 부채는 줄어들지 않아 자산보다 부채가 많아지는 기이한 현상이 일어났기 때문이다.

우리나라에서도 집을 가졌지만 빚더미에 오르는 이른바 하우스 푸어라는 용어가 그리 낯설지 않은 세상이다. 대출을 받을 때는 상환 능력을 고려해야 한다. 우리나라 부채 구조의 경우 원금을 갚는 대출 비중이 좀 낮은 편이라는 통계가 있다. 이렇게 중도에 원금을 갚아나가는 구조가 아니라면 대출자들은 자신이 감당할 수 있는 능력보다 더 많은 부채를 진다. 즉 위험한 상황에 노출될 수 있다. 부동산 경매 시장을 들여다보자. 꽤 많은 경매 물건들이 은행의 대출이자 부담을 못 이기고 나온 것들이다. 그만큼 대출의 심각성은 무섭다.

은퇴 전까지 주택 관련 부채 상환해야

50대 이상 가구의 경우 자산 중 집이 차지하는 비중이 크다. 따라서 이 주택에 딸린 주택담보 대출을 줄이는 것이 중요하다. 주택연금 역시 대출 잔액이 크거나 전세보증금이 있다면 가입이 힘들어지므로 부채 상환은 필수라 하겠다. 그러므로 은퇴를 앞두고는 부채가 있는 큰 집을 떠안고 가기보다는 규모가 작은 집으로 이주해 부채 상환을 하고 일부의 현금을 확보하는 것이 유리한 전략이다.

현명한 대출 방법

▪ 대출 거치기간을 늘리자

요즘 같은 고물가 시대에는 시간이 지날수록 화폐가치가 떨어지기 때문에 채무기간을 연장하는 것이 부담을 덜 수 있는 방법이다. 하지만 금리와 물가상승률은 변동성이 높기 때문에 신중하게 생각해야 한다.

은행을 한 군데로 정해놓고 이용하면서 은행 실적을 쌓는 것도 좋다. 해당 은행의 거래 실적이 높아지면, 대출 조건이 상향 변경될 수 있기 때문에 금리 조정이 가능해진다. 이자부담을 줄이는 방법으로 대출 갈아타기를 시도할 수도 있다. 소득공제를 받을 수 있는 고정금리 장기 대출이나 공무원의 경우는 공무원 VIP 우대 대출을 활용할 수도 있다.

▪ 다양한 대출방법

보금자리론이란 주택금융공사에서 제공하는 장기 고정금리·분할상환 주택담보대출이다. 대한민국 국민으로 무주택자나 1주택자는 신청할 수 있으며 신청한도는 주택담보가치의 최대 70%까지다. 대출기간은 10년, 15년, 20년, 30년이다.

다만 기준 요건은 부부합산 기준으로 연소득 7,000만 원 이하인 경우에 이용 가능하다. 또한 연소득 6,000만 원 이하의 취약계층(한부모·장애인·다문화·다자녀가구)은 각각 0.4% 금리우대 혜택을 받을 수 있다.

이 외에 은행 일반모기지론을 15년 이상으로 대출받을 경우 소득공제를 받을 수 있는데, 소득공제를 받으려면 근로자에 한해 국민주택 규모의 주택이어야 하고 기준 시가 3억 원 이하인 주택만 해당한다. 아울러 1주택을 가진 가구주만 해당된다. 소득공제를 받으려면 아파트 1채는 정리를 해야 한다.

▪ 부채 상환 순서를 결정하자

한 가정의 예를 들어보면, 공무원대출과 예금대출 그리고 아파트대출, 기타 부채와 아파트 월세보증금이 있다고 했을 경우이다. 연금과 예금 담보대출부터 상환하고, 아파트 담보대출은 그 이후에 한다.

이유는 아파트 담보대출은 대개의 경우 금리 연동형이다. 그리고 3년 이내에 중도상환할 경우 수수료가 대출액의 0.5%에서 1.5%를 내는 경우가 많다. 때문에 무조건 원금을 갚기보다는 중도상환 수수료로 지출되는 금액과 대출이자로 지출되는 금액의 차이를 잘 따져보고, 손실이 적은 쪽을 택하는 것이 바람직하다.

레버리지를 적절하게 이용한 N씨(46)

은행원 N씨는 20대 시절부터 부동산 투자에 대출을 적절하게 활용했다. 군대를 갔다와 대학 졸업을 앞둔 1994년. 그의 아버지는 취업 준비생이던 N씨를 조용히 불러 마지막 용돈 5,000만 원을 주었다. 아버지는 이후 어떤 용도로도 추가 자금을 지원해 주지 않을 것임을 분명히 하고 이 돈을 주었다. N씨는 이때 이 돈을 굴려 더 큰 목돈을 만들어야겠다는 결심으로 부동산 투자를 시작했다.

먼저 서울 지역의 아파트 시세를 조사한 후 처음 투자한 것이 잠실주공 1단지 아파트였다. 당시 가격은 9,500만 원. 그는 전세를 끼고 이 아파트를 샀다가 3년간 보유한 후 1억 4,500만 원에 되팔았다. 3년 만에 5,000만 원을 번 것이다. 그 이후에도 주로 아파트를 사고 파는 시세차익을 남겼는데, 이때 적절하게 대출을 활용했다. 일찍부터 부동산 투자를 하다 보니 모자라는 투자금은 대출을 이용한 것이다. 은행원이란 점도 매우 유리하게 작용했다. 일단 금융을 잘 아니 부동산 투자에도 자신감이 생겼던 것.

자산을 20억 정도나 모은 N씨는 현재 서울 강남의 대형 아파트에 살면서 부동산을 정리한 상태이다. 그는 레버리지를 활용한 자신의 부동산 투자가 성공한 요인으로 시대 상황을 들기도 했다. 1990년대나 2000년대 중반까지 부동산 활황으로 아무래도 부동산 경기가 좋다 보니 대출 전략이 주효했다는 것. 그는 지금은 현금을 보유하고 새로운 투자 기회를 엿보는 중이다.

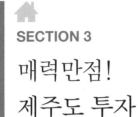

SECTION 3

매력만점!
제주도 투자

몇 년 전 제주 서귀포시에 게스트하우스를 연 C씨(45). 그는 고교를 졸업하자마자 서울 남대문에서 장사를 시작해 큰돈을 만지기도 했다. 그러나 고객을 상대하는 일에 지쳐갔고 스트레스가 늘었다. 머리도 식힐 겸 올레길을 걸으며 제주도를 여행하다가 게스트하우스에 대한 아이디어가 떠올랐고 준비 1년 만에 게스트하우스를 열었다. 그는 '저녁마다 게스트하우스에서 펼쳐지는 제주 바비큐 파티'를 강점으로 사업을 확장 중이다. 연일 제주도의 역동성 있는 분위기에서 C씨는 새로운 사업 아이템에 대한 생각으로 바쁘다. 물론 그 사업의 근거지는 제주도다.

영화 「건축학 개론」에서 주인공 수지가 펼친 첫사랑의 아련한 추억이 관객을 자극했다. 이 영화에서는 첫사랑과 수지란 배우 외에도 사람들에게 강렬하게 어필하는 장면이 나오는데, 그게 제주도다. 여주인공의 고향은 제주도. 그녀의 해안가 오래된 농가주택을 개조하는 과정이 영화에 조금씩 나온다. 특히 영화의 마지막 장면에 등장하는 리모델링 후 주택 거실 너머 보이는 바닷가 풍경은 제주도의 정취를 한껏 느끼게 해준 명장면이다. 제주도가 들썩이고 있다. 제주도는 올레길 걷기 여행 열풍과 영어교육도시 국제 학교 설립, 최근 주춤하고 있지만 중국인들의 토지 매입 등으로 호재가 많은 편이다. 은퇴 이후 거주하고 싶은 최고의 지역 중 하나로 꼽히는 제주도를 주목해 보자.

실제로 제주도는 2018년 기준 67만 8천 명을 돌파했다. 제주 인구 증가율은 2010년 매년 1% 이상씩 증가해 오고 있다. 전문가들은 향후 제주도의 인구를 100만 명으로 전망하고 있다.

제주도 내 중국인 투자의 명암

중국인들은 제주도 투자에 변수이다. 2006년부터 중국 여권 소지자들을 대상으로 한 무비자 입도 정책 이후 꾸준히 늘어난 중국 관광객들은 2010년 부동산 투자 이민제를 계기로 제주 부동산 시장의 큰 손으로 자리매김하고 있다.

2016년말 기준, 중국인이 소유한 제주도 토지면적은 842만 2,000m^2에 이른다. 중국인의 제주도 투자는 이미 2011년 589억 원으로 이전까지 1위였던 미국인(473억 원)을 앞질렀으며 2016년에는 면적으로 따져도 가장 크다.

중국인들의 부동산 투자의 여파는 상당하다. 과거 '로데오 거리'라 불렸지만 지금은 '바오젠 거리'라는 중국어 이름이 붙여진 제주시 연동. 이곳에 중국인들이 몰리면서 중국어 간판이 크게 증가했다. 중국인들이 이곳 부동산을 확보하면서 이 지역은 상권 자체의 임대료가 높아져, 국내 점포를 운영하는 임차인들의 부담이 크게 늘었다.

제주도를 타깃으로 은퇴를 설계하는 사람이라면 중국인의 제주도 부동산 투자를 세심하게 관찰할 필요가 있다. 제주도에서 중국인의 이민과 부동산 투자는 꾸준하게 진행되고 있다. 다만 2017년부터 사드 변수가 등장했다. 국내에 사드가 배치되면서 중국 관광객이 급감하여 제주 관광산업이 큰 피해를 입고 있는 중이다. 또한 제주 건물 등의 투자에 중국 자본이 철수하는 일도 발생해 주목된다.

향후 제주도 내 중국인 변수는 지켜봐야 한다. 2018년 문재인 정부는 사드 배치를 둘러싼 중국과의 분쟁을 나름대로 대응하고 있기에 너무 비관적으로만 볼 필요는 없다. 제주도 내 중국인 투자의 향방을 주시해 보자.

분양형 호텔의 가능성, 현장 조사해야

내국인과 중국인의 제주도 부동산 투자가 활성화되면서, 최근 분양형 호텔이라는 새로운 아이템이 제주도 내에서 활발하다. 법적으로 분양형 호텔이란 용어는 없다. 다만 건축법에 따른 일반 숙박시설과 생활 숙박 시설 가운데 '건축물의 분양에 관한 법률'에 따라 분양하는 부분의 바닥 면적의 합계가 3,000㎡ 이상인 건축물을 분양형 호텔이라 부르고 있다. 분양형 호텔은 저렴한 계약금과 중도금 50% 전액 무이자 융자는 기본이고, 실투자금 대비 연 11% 이상의 확정수익을 보장한다고 장담하기도 한다. 물론 제주도 관광객, 특히 중국인 관광객의 폭발적인 증가세가 분양형 호텔이 갖고 있는 호재의 배경이다.

다만 우후죽순 생겨나는 분양형 호텔뿐만 아니라 게스트하우스, 오피스텔의 증가세를 보면 공급과잉이 우려되는 것도 사실이다. 제주시 고위관계자는 '일간지 광고로 분양형 호텔이나 콘도의 고수익을 선전하는 내용이 많다'며 '광고내용을 책임질 수 있는지 의문'이라고 뼈 있는 말을 할 정도다. 투자자의 세심한 현장조사가 필요한 대목이다.

자연환경 좋지만 묻지마 투자는 곤란

제주의 가장 큰 장점은 자연환경이다. 유네스코 자연과학 분야에서 세계자연유산, 생물권 보전지역, 세계지질공원이라는 타이틀을 얻은 것도 자연환경이 뒷받침됐기 때문이다. 이러한 자연의 아름다움 속에서 과거 버리는 땅이었던 해안가 땅이 지금은 아주 인기 있는 지역으로 변하고 있다. 육지 이주자들의 게스트 하우스와 각종 카페, 펜션 부지의 선호도 속에서 제주도 해안가는 점점 변모해 가는 중이다. 원래 제주도는, 섬 중심일수록 부자들이 많았지만 이제는 육지에서 내려온 부자들이 해안가에 고급 주택을 짓고, 고급 펜션이 들어서면서 해안가의 땅값이 급등해 벼락부자가 된 사람도 있다. 이처럼 부동산 불모지에서 부동산 투자지로 급부상한 만큼 제주도를 타깃으로 한 투자자의 냉철한 접근이 중요하다.

최근 제주도 내에서는 이른바 미친 부동산 가격이라는 말까지 나오며 묻지마 식 투자가 이뤄지기도 한다. 가족 있는 제주도 도민들은 농가주택을 실제로 잘 팔지 않는다. 그러다보니 농가주택의 시세가 매우 올라도 공급이 따라가지 못하는 모양새다. 상황이 이렇다보니 맹지나 미등기 건축물이 라도 매물이 나오면 단 한두 시간 만에 팔리는 웃지 못할 상황도 생긴다. 투자자들의 현명한 안목이 필요하다.

제주도에 투자하는 방법

- **제주도 지역 내 투자 가능 지역은 전체 면적의 약 10%에 불과하다는 사실을 인지하라**
  제주도 면적은 1,820㎢로 결코 작은 것은 아니지만, 개발이 아예 불가능한 경관보존지구, 생태보존지구, 지하수보전지구, 유적지 등 보존지역이 전체 면적의 70%나 되기 때문에 투자할 만한 곳을 찾기란 그리 쉬운 일이 아니다.

- **가급적, 인구유입이 예상되는 도심권 내 주거지역(도시 계획 구역)과 그 인근지역, 개발 예정 구역, 영어교육도시 등을 중심으로 고려한다(제주도 서남권 위주)**

- **기반시설 확대(공항 확대 및 해저 KTX 등)와 제주도의 가치상승이 함께 발생함을 알아야 한다**
  예 : 호텔을 많이 지어도 공항 등의 기반시설이 확대되어야 수요가 늘어난다.

목회활동 후 제주도에서 은퇴생활하는 A씨(72)

경기도에서 목회활동을 하다가 은퇴한 후 제주도에 내려간 A씨. 그는 청년 시절 제주도의 한 작은 교회에서 4년 동안 목회활동을 했던 경험을 살려, 제주도에서 은퇴생활을 하기로 마음먹었다. 1969년 당시 제주도에서 목회활동을 하면서 서귀포 대포동 근처의 목장지 매매를 권유받아 1㎡당 2원에 총 1만 6,528㎡를 구입하였다. 이 목장이 현재 제주도 은퇴설계의 동력이 됐다. 하지만 고민이 많다. 우선 제주도 최대 도심인 노형동에서 112㎡의 아파트를 임대하고 있는데, 1년 임대료가 1,300만 원이다. 또한 목장이 많으니 기초노령연금 자격이 제한돼 이마저도 못 받고 있는 실정이다. 이에 따라 A씨는 목장을 분할해서 팔 계획을 갖고 있다. 목장의 경우 1㎡당 시세가 2만 5천 원 정도 하니, 애초 땅을 매입했던 가격보다 엄청난 수익률을 나타냈다. 이를 팔아 은퇴 자금을 마련해, 보다 안정적인 생활을 하겠다는 것이 그의 계획이다.

그는 제주도의 환경이 너무 좋다고 만족해한다. 연중 기후는 영하로 내려가는 일이 거의 없을 정도로 따뜻하고, 자신이 좋아하는 과일나무도 많이 심어서 농장 일을 하느라 여념이 없다. 다만 목장지로 있는 지목을 농장지로 바꾸는 일이라든가, 거주하는 도심과 목장지가 멀어서 좀 불편하다는 것이 그의 애로점이다. 그는 중국인, 일본인, 미국인까지 부동산을 매입하는 등 다양한 변수가 많지만 은퇴설계 시, 제주도를 한 번쯤 고려해 볼 만한 대상이라고 엄지손가락을 치켜들었다.

신도시 특수와 녹지·생태의 자연을
가져다주는 세종시

누적 관객 수 1,800만 명을 돌파한 국내 흥행 1위 영화가 「명량」이
다. 영화에서는 이순신 장군 역의 최민식의 연기가 압권인데, 클라
이맥스에서 10여 척 남짓한 조선 수군과 수백 척의 일본 수군이 팽
팽하게 맞서는 장면이 나온다. 이때 조선 수군 10여 척을 진두지휘
한 배에는 이순신 장군이 타고 있다. 이 배 뒤로 휘하 배들이 포진
한 장면이 나온다. 국가균형발전이라는 취지를 갖고 있는 세종시
와 혁신도시가 그 모양새이다. 행정수도인 세종시를 배경으로 혁
신도시가 주변에 포진한다. 그만큼 세종시가 갖고 있는 에너지는
크다.

　정식 명칭은 세종특별자치시로, 종전의 충남 연기군 남면, 금남
면, 동면 일부, 공주시 장기면, 반포면 일부에 걸친 땅에 들어섰다.
전체 면적이 $72.91km^2$인데 경기도 분당의 4배 규모라고 보면 된
다. 국가균형발전이란 대의명분으로 시작한 도시인 세종시는 행

정·자족 도시, 쾌적한 친환경 도시를 지향한다.

실제로 권역별로 중앙행정/문화·국제교류/도시행정/대학·연구/첨단 지식 기반/의료·복지 등 6개 주요 도시 기능을 입지 특성에 맞게 분산 배치해 도시를 이루고 있다. 도시생활에 필요한 자족 기능을 유지할 수 있는 목표 인구는 50만 명으로 잡고 있다.(2018년 5월 30만 명 돌파) 퇴직을 하고 신도시에서 노후를 보낼 곳으로 세종시는 경쟁력을 갖춘 도시 중 하나다.

상업용지 비율 축소로 상가투자 잠재력 지녀

전국적으로 부동산 시장이 침체돼 있지만 세종시는 역동적인 가능성이 풍부한 도시다. 특히 개발계획단계에서부터 상업용지 비율이 2.1%로 낮게 책정돼 상업시설이 들어설 땅이 부족한 실정이다. 세종시 상가의 희소성이 생기면서 한 상가의 약국은 권리금이 수억 원으로 치솟는 경우도 있다.

세종시 1-5 생활권은 주변 입지로 인한 차후 시세차익과 안정적인 임대수익을 내다 볼 수 있다. 다만 구체적인 현장 탐방이 중요하다. 상가 부동산에 투자할 때는 고정 배후수요뿐만 아니라 유동인구·투자성·상가의 콘셉트 등 꼼꼼하게 챙겨야 저비용으로 수익을 올릴 수 있는 알짜 상가를 잡을 수 있다. 신규 상가는 권리금이 들지 않고 전매제한이 없어 프리미엄이 발생하면 되팔아 단기 시세차익까지 노릴 수 있다.

녹지와 생태가 함께하는 자족 도시

세종시 행정부서와 지역 시민단체는 협력해서 '금개구리野 반갑다' 캠페인을 열었다. 원래 멸종 위기종이자 보호종인 금개구리는 희귀한 편인데 세종시 장남평야에서 금개구리 서식지를 발견한 것이다. 이에 시민단체가 주도해 금개구리 보존을 제안하고 행정부서가 호응해 캠페인이 개최된 것이다. 세종시 근처 금강 주변에는 금개구리를 비롯해 말똥가리, 큰기러기, 고라니, 뱀 등 야생동물이 많이 서식하고 있다. 그만큼 세종시가 자연 생태적으로 큰 가능성을 갖고 있는 도시라는 근거다.

또한 세종시는 중앙녹지공간 구역을 중심으로 약 6.5*km*에 이르는 순환길을 만들 계획이다. 중앙녹지 공간은 원수산과 전월산을 잇는 육생녹지축과 금강의 동서축을 잇는 세종시 녹지체계의 근간이다. 중앙녹지 공간과 도시구역을 연결하며 특성화하는 도시상징 문화밴드와 도시공원 프로그램밴드, 문화클러스터 및 도시휴양센터는 세종시를 동서로 잇는 가칭 '세종시 금강길(둘레길)'과 중심구역 순환길에 의해 도시 전체로 보행, 자전거, BRT 등의 동선으로 연결된다. 둘레길과 문화가 함께하는 생활환경 계획인 것이다.

상가 투자는 주의해야

세종시에서 어려운 영역이 상가 투자다. 세종시의 경우 일반적인 분양 형태로 상가 분양을 했다. 세종시가 어느 정도 활성화된 후에 분양을 해야 했는데 이미 상가 분양을 거의 완료해 2018년 상가분양 가격이 적정 시장가인지는 검토의 여지가 있다. 직접 상가를 운영할 사람이 아니라면 보수적인 검토가 필요하다.

세종시의 미래를 산 D씨(62)

세종시는 건설초기 행정복합도시로 미디어에 한창 논란이 되고 있었다. 당시 이명박 정부는 세종시의 효율적인 개발을 위해서 축소 개발을 주장했지만 여당 대표였던 박근혜 의원은 개발 축소를 적극 반대했다. 이즈음 D씨는 세종시 장군면을 방문하고 확신이 들어 개발정보를 조사해 장군면 인근 2,644㎡의 계획관리 지역을 3.3㎡당 25만 원에 구입했다.

이명박 정부의 분위기 속에서 주변에서는 '미쳤다'는 이야기를 들었지만 자신의 소신대로 땅을 구입한 것이다. 상황은 역전됐다. 행복도시 건설 주장을 강력하게 외치던 박근혜 의원이 대통령에 당선된 것. D씨는 서울 신림동의 아파트를 팔고, 남은 재산을 정리해 10억 원을 갖고 장군면 일대 땅을 더 사들였다. 결국 12억 원을 투자해 3년 만에 100억 원대 자산가가 됐다. 장군면 일대 땅이 처음엔 3.3㎡당 25만 원에서 몇 년 후 300만 원에 거래되었기 때문이다. 세종시의 미래에 리스크를 감수하고 투자에 나선 D씨. 행복도시 세종시는 D씨에게 큰 부를 가져다주었다.

GTX, 일산에서 삼성동까지 20분이면 간다

2023년 일산 대화동에 거주하는 R씨(45)는 삼성동에 위치한 자신의 직장인 광고대행사에 출근하기 위해서 아침 8시에 일어났다. 세면을 마친 뒤 우유 한 잔과 토스트를 먹고 킨텍스 근처 GTX역에 도달한 시간은 8시 30분. GTX로 25분간 일산에서 도심을 거쳐 삼성동역에 도착한 시간은 8시 55분. 역 바로 옆에 위치한 직장까지 오는 데 걸린 시간을 보니 8시 59분. 아슬아슬하게 지각을 면한 R씨는 인상이 험악하게 생긴 직장 상사의 얼굴을 보며 안도의 한숨을 쉰다.

일산에서 삼성동까지 20~30분 만에 주파하는 수도권 광역급행철도(GTX)의 건설이 초읽기에 들어갔다. 정부가 GTX의 조기 추진을 계획하면서 GTX 수혜가 예상되는 지역에 대한 관심이 높아지고 있다. GTX 노선 중에 이른바 A노선이라 불리는 일산 킨텍스~강남 삼성~동탄 구간이 가장 먼저 추진된다. 기존 전철로는 일산에서 강남 삼성역까지 1시간 20분 정도 소요됐으나, GTX로는 20분이면 강남 삼성까지 도달할 수 있다.

또한 순차적으로 GTX B노선은 수도권 방사축 중 통행량이 많은 인천과 부천축과 서울 도심을 연결하는 노선이다. 인천 경제자유구역, 인천 도심, 경인축, 여의도, 청량리 등에 노선이 연결되며 향후 경인선, 경부선, 경의선, 경원선, 중앙선 등이 수도권 광역철도와 연계돼 교통 수요를 분산 하는 효과가 있다. 하지만 B노선은 수도권 광역급행철도 예비타당성조사 결과 사업타당성이 부족하게 나타났다. 이에 국토부는 기존 사업계획을 보완하고 다시 기획해 재추진하기로 했다.

GTX C노선(의정부~금정)은 서울을 중심으로 남북축으로 가로지르는 노선으로 금정, 과천, 강남권, 청량리, 의정부와 연결된다. 그동안 낙후된 수도권 북부지역과 서울 동부권 교통이 편리해질 것으로 예상된다. 현재 의정부는 강남권으로 이동하려면 차량으로 1시간 40분, 지하철로 1시간 30분가량 소요됐다. 그러나 GTX C노선이 개통되면 강남권까지 30분 내로 이동할 수 있다.

GTX C노선도 예비타당성조사 결과 경제성이 다소 부족하다는 의견이 나왔다. 그러나 C노선은 B노선과 달리 빠른 시간 내에 사업이 재추진될 것으로 보인다. GTX C노선과 'KTX 의정부 연장 사업'을 연계해 추진하면 경제성이 확보된다는 조사 결과가 나왔기 때문이다.

GTX 준공까지 3번의 부동산 상승 기회

수도권 GTX는 부동산 투자에서 매우 호재다. 이전부터 전철·국철의 신설이나 확장, 연장 등은 부동산 시장에서 뜨거운 감자로 통했다. 이것들은 출퇴근 여건을 대폭 개선시켜 지역발전의 토대가 된다. 그리고 낙후되었거나 주목받지 못했던 부동산에 생기를 불어넣는 촉매제 역할을 하기 때문에 부동산의 가치를 높여준다. 특히 전철이나 국철은 시간 내에 목적지까지 닿는 정확성 때문에 도로 개통보다 더 호재로 받아들여진다.

일반적으로 길이 뚫리고 전철역이 들어설 때는 땅값이 세 번 오른다. 계획 발표 때 한 번 오르고, 공사를 시작하면 다시 오르고, 개통되면 또 오르는 것이 통례다. 하지만 계획단계에서는 정부예산과 정치상황에 따라 개통 시기가 지연될 수도 있다. 개통이 임박하면 주택·토지 값이 많이 오른다는 점을 유의해야 한다.

그러므로 투자 시에는 반드시 해당 정부부처나 지자체를 통해 개발계획을 알아본 후 투자를 하는 것이 안전하다. 토지에 투자할 때는 거래·건축 규제를 잘 살펴봐야 하며, 여유자금으로 장기투자를 해야 한다. 본격적인 지역개발까지는 시간이 걸리기 때문이다. 따라서 도로확충 계획과 전철개통 예정지역, 주변 개발계획을 눈여겨보면 오를 만한 땅을 찾을 수 있다.

도시기본계획안, 투자의 미래지도

GTX 역세권 투자를 강조했다. 그런데 이러한 굵직한 GTX 개발 등은 도시기본계획안에 담겨진다. 도시기본계획은 국토의 한정된 자원을 효율적이고 합리적으로 활용하여 주민의 삶의 질을 향상시키고, 도시를 환경적으로 건전하고 지속 가능하게 발전시킬 수 있는 정책방향을 제시해, 장기적으로 발전하여야 할 구조적 틀을 제시하는 종합계획이다. 도시기본계획안에는 도시의 장기 발전계획과 청사진 등이 구체적으로 나와 있는데, 투자자 입장에서는 이러한 도시기본계획을 파악하면 리스크를 줄여 과감한 투자를 할 수 있다.

역세권이 부가가치가 높아지는 것은 땅의 용도가 주거지역에서 상업지역으로 바뀌어 토지의 이용도가 높아져 땅값이 올라가는 것이다. 땅의 용도는 국토의 계획 및 이용에 관한 법률에 규정되어 있다. 국토는 토지의 이용실태 및 특성, 장래의 토지이용 방향 등을 고려해 도시지역, 관리지역, 농림지역, 자연환경보전지역 등 크게 4가지 용도로 구분돼 있다. 투자자는 이러한 지역의 성격을 파악해 투자 시 잘 활용해야 한다.

1. 토지보상은 아는 만큼 받는다.(시행자에게 정보 제공 받기, 보상되는 권리 잘 활용하기 등)
2. 보상시점(택지 개발 보상, 혁신도시, 재개발 보상 등)과 평가금액을 명확히 알자. (투자금 회수시점이 투자성을 결정하므로 개발방식에 따른 보상 날짜 확인하기)
3. 보상금에 대한 절세전략을 세우자.(수용되는 토지에 관한 다양한 조세 혜택 제도를 이용하기)

미래 역세권 투자를 놓친 경기도 화성의 O씨(66)

경기도 화성에서 농사를 짓고 있는 O씨는 1996년 농지를 추가 매입하기로 했다. 이때 고려했던 곳은 인근 태안읍 반정리와 병점역 주변이었다. 가격은 두 곳 모두 평당 20만 원 안팎으로 비슷했다. 가격이 엇비슷했기 때문에 집에서 가까웠던 반정리를 택했다. 이때의 선택이 수년 후 후회로 다가왔다. 병점역에 수도권 전철이 들어오면서 인근 동탄 신도시가 개발되고 병점 주변의 농지 가격이 급등하기 시작했던 것. 병점역의 땅값은 3.3㎡ 당 2,000만 원을 훌쩍 넘기고 신도시를 확대 개발하여 수혜 호재로 가격이 상승하였다. 반면 O씨가 구입한 반정리 땅값은 3.3㎡ 당 200만 원 정도에 머물렀다. 물론 반정리 투자가 실패는 아니지만 그는 상대적인 박탈감에 시달려야 했다.

1996년 비슷했던 두 지역의 땅값 차이가 이렇게 극명하게 벌어진 것은 '개발호재' 여부 때문이다. 개발호재도 호재 나름인데, 병점역의 경우 땅값 상승의 가장 큰 재료인 교통과 도시개발이란 두 가지 호재가 겹쳤기 때문이다. O씨는 코앞에서 벌어진 역세권 개발호재의 눈부신 사례를 보며, 두 번 다시 반복되는 실수를 안 하려고 도시기본계획도 살피며 제2의 투자처를 찾고 있다.

농지연금으로 농촌에서
노후 준비하기

광주광역시 동구에 전답 $660m^2$(200평)를 소유하고 있는 G씨(73). 그는 2017년부터 1년 단위로 80만 6,300원의 농지연금을 본인 사망 시까지 받는다. 이 농지의 지가는 1억 3,200만 원. G씨는 3남매가 있지만 자식들에게 손 벌리기가 어려웠다. 또 땅을 팔려고 해도 안 팔려서 마음고생이 심한 상태였다. 그러다가 광주은행에서 주최한 한 강연회에 참여해 농지연금을 알게 되어 신청한 것이다. 그의 경우 국민연금도 가입 안 하고, 일시불로 받은 퇴직금 역시 자영업에 손을 댔다가 탕진한 상태에서 이 농지연금이야말로 구세주인 셈이다. G씨는 놀리고 있던 농지가 가장 큰 효자 노릇을 했다며 안도의 한숨을 쉬었다.

도시와 비교해 농촌은 초고령화 사회이다. 반면 소득수준은 열악하다. 최근 농촌의 경우 연간 수익이 1,000만 원 이하인 농가가 77.5%를 차지한다는 통계가 있다. 고령화된 인구분포와 안정적인 월수입이 보장되지 않은 농촌에서 농지연금은 그 대안이 될 수 있다.

또한 이탈농, 고령농, 도시민으로부터 농지를 수탁, 매입해 이를 전업농에게 임대, 매도하는 농지은행을 활용하는 것도 부동산 은퇴설계자에게 유용하다고 볼 수 있다.

2011년부터 농어촌공사가 주관해 시행 중인 농지연금은 노후생활 안정을 위해 농업인이 소유한 농지를 담보로 매월 생활자금을 연금형식으로 지급하는 제도다. 주택연금과 비슷한 형태라 볼 수 있다.

농지연금의 기준은 부부 모두 만 65세 이상으로 영농 경력 5년 이상이며, 소유하고 있는 농지의 총면적이 3만m^2 이하 농업인이다. 단 농지는 저당권 등이 설정되거나 압류·가압류·가처분 등이 되지 않은 상태여야 한다. 주택 대신 농지를 담보로 한 역모기지론이라 할 수 있다. 주택연금처럼 농지연금의 가장 큰 매력은 생활안정자금으로 연금을 매달 받으면서도 소유농지에서 영농을 계속하거나 별도의 임대를 통한 임대소득을 추가로 올릴 수 있다는 것이다. 즉 농지연금을 신청했다고 당장 땅을 내놓아야 하는 것은 아니다.

종신형과 기간형으로 나누는 농지연금

농지연금은 종신형과 기간형 등 두 가지로 나눌 수 있다. 종신형은 농지연금 가입자 본인이나 배우자가 65세부터 사망할 때까지 매월 일정 금액을 지급받는 방식이다. 기간형(5년·10년·15년)은 가입자가 선택한 일정 기간 동안만 매월 돈을 받는다. 가입자 연령이 많을수록, 담보 농지 평가 가격이 클수록 월 지급금을 많이 받는다. 당연히 기간형은 지급 기간이 짧은 유형을 선택할수록 월 지급금이 많아진다.

예를 들어 공시지가 기준 2억 원짜리 농지를 담보로 제공할 경우 65세는 월 65만 원 가량의 연금을 받고 70세는 월 77만 원, 75세는 월 93만 원, 80세는 월 115만 원을 죽을 때까지 받을 수 있다. 또 땅 판 돈 2억 원을 보험사에 일시 납입해 즉시연금으로 수령하면 매월 100만 원 정도를 평생 받을 수 있다.(개인연금 공시이율 5.1% 기준)

기간형의 경우 70세로 공시지가 1억 원 상당의 농지를 가진 사람이 농지연금(기간형)에 가입할 경우 5년형과 10년형은 각각 122만 원과 68만 3,000원이 된다. 15년형에 가입하면 매월 50만 7,000원을 받는다. 한국농어촌공사는 2017년 기준 가입자 평균 연령 74세, 농지 규모 0.4헥타르, 매월 수령액 98만 원이라고 밝혔다.

연금 수령하면서도 농지 개척 가능

농지연금을 받던 농업인이 사망하더라도 배우자가 승계하면 배우자 사망 시까지 계속해서 농지연금을 받을 수 있다. 또한 연금을 받으면서도 담보농지를 경작하거나 임대할 수 있어 연금 이 외에 추가소득이 가능하다는 것이 장점이다. 이 외에도 연금 채무 상환 시 그 남은 금액이 있으면 상속인에게 돌려주고, 만일 연금이 지가

보다 초과되더라도 더 이상 청구하지 않는 것이 원칙이다. 농지연금에는 이러한 다양한 혜택이 주어진다.

농지은행 활용해 전업농에게 임대, 매도 가능

농업인이 아닌 도시민이 농지를 소유하기 위해서는 영농계획서를 작성해 농지취득자격증명을 얻고, 스스로 농사를 짓거나 구입한 농지를 농지은행을 통해서 농민에게 임대하면 된다. 실제로 한국농어촌공사가 집계한 '농지임대수탁사업 실적'을 보면 임대 농지가 점차 증가하는 추세를 보인다. 농지은행은 도시민의 농지 취득 활성화를 이끌어 내는 제도이다. 농지은행을 통해 농민들은 농사를 지을 수 있는 땅을 확보할 수 있고, 농지를 매입한 도시민 역시 농지를 활용할 수 있어서 상호 윈윈할 수 있는 제도라 할 수 있다.

농지연금 vs 주택연금

	농지연금	주택연금
가입연령	부부 모두 만 65세 이상	부부 모두 만 60세 이상
가입조건	영농경력 5년 이상, 농지 3만㎡ 이하 농업인	1세대 1주택, 9억 원 이하 주택
담보물	농지	주택
연금지급방식	종신형, 기간형	종신형, 종신혼합형
담보물평가	개별 공시지가	감정평가
연금지급기관	한국 농어촌 공사	금융기관

농지연금 가입조건

신청자격	가입자 연령 만 65세 이상, 영농 경력 5년 이상, 소유 농지 3만 m^2(9,075평) 이하인 농업인 대상 농지는 전·답 과수원으로 실제 영농 중인 농지
농지연금혜택	가입자(배우자) 사망 때까지 매월 받는 종신형과 가입자가 선택한 일정 기간 매월 받는 기간형(5년, 10년, 15년) 중 선택
사망 시	농지연금 수혜자 사망 때 배우자가 승계 후 배우자 사망 때까지
농지연금금액	농지연금의 월 지급금은 가입 연령과 농지 가격에 따라 달라짐
신청 방법	거주지 관할 한국농어촌공사 지사에 신청

농지은행 활용하기

농지은행이란 농지를 매입·임차하여 전업농 등에게 지원하고, 경영위기 농가의 환매권 보장 지원, 농지연금 지원사업을 한다.

▪ 농지 장기 임대차 사업을 통해, 농지를 소유한 은퇴 농업인은 임대차료를 일시 또는 월지급식으로 농지은행으로부터 받고, 새로 시작한 전업농 육성 대상자는 임대차료 를 농지은행에 지급하며 안정적으로 영농한다.

▪ 농지연금제도를 이용하여, 만 65세 이상 고령 농업인이, 자신이 소유한 농지를 담보로 노후생활 안정자금을 매월 연금형식으로 지급받는다.

▪ 농지매매사업을 통해, 은퇴 농업인은 자신의 소유 농지를 현시세에 맞게 매도하고, 전업농 육성 대상자는 농지대금을 분할상환하며 농지를 취득한다.

자료 : 농지은행 공식 사이트(http://www.fbo.or.kr)

농지연금 받는 경기 용인시 D씨(69)

경기도 용인시 백암에 거주하는 D씨는 농지 3,596m²를 담보로 매월 50만 8,720원을 받는 농지연금에 가입했다. D씨의 땅은 공시지가로는 1억 5,000원. D씨는 남매를 출가시켰는데, 자식들이 자신에게 생활비를 줄 형편이 안 되었다. 물론 그는 바라지도 않았다. 그러나 현실적으로 농사를 많이 않으니 수입이 적어서 고민이 무척 심했다. 시골에서도 돈은 필요했다.

그는 도시에서 붐을 이루고 있는 주택모기지론을 알아봤는데, 주택이 농촌지역이라 가격이 낮아 가입을 엄두내지도 못하다가 농지연금이 숨통을 트이게 해준 것이다. 기존에 100만 원 정도의 수입에다가 이 농지연금 50만 원을 보태니 D씨 부부가 경조사비나 문화생활비로 지출하는 것이 제법 맞아 들어갔다. 그들에게 농지연금은 단비와 같은 역할을 한 것이다.

D씨의 꿈은 소박하다. 시골이다 보니 생활비로 들어가는 경비가 좀 적은 편이라 농지연금으로 경제적인 부분이 어느 정도 해결됐다. 그래서 서울에 사는 자식들도 자주 만나 손자와 손녀에게 용돈을 주며 남은 인생을 화목하게 산다. 농지연금이 그 기틀이 됐다.

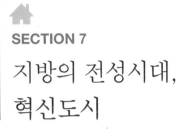

SECTION 7

지방의 전성시대,
혁신도시

남산을 올라 서울을 바라보자. 맑은 날에도 도심에서 뿜어 나오는 매연으로 인해 뿌옇게 스모그 현상이 일어난다. 좀 답답할 수밖에 없다. 빽빽한 아파트와 사각형의 건물, 도무지 여유 있는 분위기가 되지 못한다. 하지만 서울은 대만원이다. 서울은 거대한 공룡이다. 대안이 없을까? 그래서 노무현 정부에서 혁신도시가 추진됐다. 그리고 이후 정부로 이어지면서 혁신도시가 착착 진행되고 있다.

  서울과 동일 생활권인 인천·경기 등 수도권이 차지하는 면적은 전 국토의 11.8%이다. 그런데도 전 인구의 48.9%, 100대 기업의 본사 91%, 중앙행정기관의 85%, 공기업 본사 84.8%, 금융기관의 67%, 제조업체의 58.7%가 서울 및 수도권에 자리하고 있다. 정치·경제·사회·문화의 약 90%가 수도권에 집중돼 있다. 반면 국토의 88.2%를 차지하는 지방은 수도권에 비해 열악한 환경에 놓여 있다. 역설적으로 혁신도시의 가능성은 이러한 통계치에 있다. 공공기관 지방 이전을 계기로 성장 거점지역에 조성되는 미래형 도시가 혁신도시이다.

혁신거점, 지역테마, 친환경, 교육·문화의 도시 지향

혁신도시는 4개의 콘셉트를 갖고 색깔을 입었다. 먼저 지역발전을 선도하는 혁신 거점도시이다. 공공기관 이전으로 지역과 전략적인 면에서 조화를 이루고, 산·학·관 클러스터를 통해 새로운 지역발전의 동력을 창출하겠다는 것이다. 두 번째는 지역별 테마를 가진 개성 있는 특성화 도시이다. 혁신도시별로 지역별, 산업별 특성을 브랜드화해서 지역의 정체성을 살릴 수 있는 랜드마크와 개성을 갖춘 이미지를 창출하겠다는 것이다. 세 번째는 누구나 살고 싶은 친환경 녹색도시이다. 자연지형을 최대한 보존하고 생태계의 다양성과 순환성을 확보하겠다는 것. 에너지와 자원을 절약하는 지속가능한 도시공간 구조와 교통체계를 구축하는 데 힘을 쏟을 예정이다. 마지막으로는 학습과 창의적 교류가 활발한 교육·문화도시이다. 특목고 설치 등 교육여건의 전진화로 우수한 교육 환경을 조성하고 지역의 특성과 아름다운 경관이 살아 있는 품위 있는 도시문화를 연출하겠다는 계획이다. 이를 위해 지식정보 시대 첨단도시 운영시스템이 구축된 U-City를 조성해 보겠다는 것이다.

자족적인 기능이 중요한 혁신도시

혁신도시의 개념을 좀 더 자세하게 알아보자. 국가균형발전위원회가 주도하는 혁신도시는 공공기관 이전을 계기로 지방의 거점지역에 조성되는 '작지만 강한' 새로운 차원의 미래형 도시를 말한다. 기업과 대학, 연구소 등 우수한 인력들이 한곳에 모여 서로 협력하면서 지식기반사회를 이끌어 가는 첨단도시로 구성된다. 동시에 수준 높은 주거와 교육, 문화를 갖춘 쾌적한 친환경도시의 개념이 포함되어 있다.

혁신도시의 모습은 강원도 원주시에서 단초를 엿볼 수 있다. 원주시의 경우 인구의 증가와 공무원이 밀집돼 있어 공무원 도시라는 이미지가 강하다. 따라서 지자체 행정 영역도 이러한 환경을 반영해 직제가 개편되는 중이다. 원주시는 중부권 성장거점도시로서 이미 자리를 잡고 있는 것. 수도권과의 1시간대 거리, 지속적인 기업유치가 활성화되는 가운데 각종 개발 사업 역시 가속도를 내고 있다. 원주시는 전략산업인 의료기기와 전통산업인 옻·한지 분야를 특성화 산업으로 지정하고 색깔있는 도시로서 모양을 갖춰 나가고 있다. 무엇보다도 원주시는 자족도시란 특징을 지닌다. 원주시 자체의 인프라에서 생산과 소비가 동시에 이뤄지는 자족 기능이 장점이라 하겠다. 전국에 건설될 혁신도시도 이와 같이 자족도시로서 기능이 기대된다.

정부와 지자체의 세제감면 등 지원책 필요

2007년 첫삽을 뜬 혁신도시 기반시설 조성공사가 거의 완료됐다. 문제는 공공기관 이전 용지와 한국토지주택공사(LH)공급 아파트를 제외한 민간이 사야 할 땅이 안 팔리고 있다는 점이다. 부산을 제외한 9개 혁신도시에서 분양되는 산업용지는 분양률이 저조한 편이다.

민간분양 아파트들이 양호한 청약 성적을 기록하면서 덩달아 집값이 오르고 있다는 점이 혁신도시 성공에 대한 기대감을 높이고 있지만, 이것도 대부분 중소형 아파트라는 게 골칫거리다. 실제로 전용 $85m^2$ 초과 대형 아파트를 지어야 하는 대부분의 공동주택용지는 미분양으로 남아 있고, 가장 분양이 잘된 민간 공동주택용지의 분양률도 75.4%에 그치는 상황이다.

이처럼 민간유치 실적 부진으로 혁신도시 조성사업이 거북이걸음을 하고 있는 데는 공공기관 이전이 지연된 것이 가장 큰 원인으로 보인다. 이렇다 보니 국토부도 공공기관의 종전 부동산 매각을 촉진해 이전 계획을 조속히 마무리하겠다는 의지를 표명하기도 했다. 혁신도시의 핵심이 되는 공공기관 이전이 완료돼야 기업·대학·연구소 유치도 속도를 낼 수 있다는 판단에서다. 민간유치로 혁신도시가 성공하려면 세제 감면 등 정부와 지자체의 지원도 절실하다.

준공공임대정책을 활용한 은퇴설계

유럽이나 미국 등 선진국의 임대주택 보급률보다 국내 임대주택 보급률은 매우 낮은 편이다. 임대주택이란 서민의 주거 안정을 가져다준다는 측면에서 매우 유의미한 주택정책이다. 정부에서는 민간의 임대주택 활성화를 위한 준공공임대정책을 내놓았다. 앞으로 이 준공공임대정책은 더욱 확대될 것으로 예상된다. 처음 '주택임대차 선진화 방안' 정책 발표 후 정부의 부동산 대책 등에서 준공공 임대정책은 계속 보완되고 있기 때문이다. 정부가 민간 임대주택 공급을 촉진하기 위해 도입한 '준공공임대주택'이란 민간 임대사업자가 1가구 이상의 주택을 임대주택으로 정식 등록할 경우 의무임대기간, 임대료 인상률 등을 제한받는 대신 금융지원 및 세제 혜택 등을 주는 임대주택을 말한다.

준공공임대주택으로 등록이 가능한 주택은 2013년 4월 1일 이후 매매 계약을 통해 취득한 전용면적 $85m^2$ 이하의 주택(주거용 오피스텔 포함)이다. 하지만 정부는 '주택임대차시장 선진화 방안'을 통해 2013년 4월 1일 이전에 취득한 주택에 대해서도 준공공임대주택 등록을 허용하기로 했다. 또한 매입임대주택을 준공공임대주택으로 전환해 등록하면 최대 5년까지 기존 임대기간의 절반을 준공공임대 기간으로 인정해 주기로 하면서 다주택자들에게는 당근책이 될 것으로 보인다.

임대의무기간은 8년, 임대료는 연 5% 제한

준공공임대주택의 요건을 보면 우선 최초 임대료와 임대보증금을 주변 시세 이하로 책정해야 한다. 임대의무기간은 8년이며 임대기간 임대료 인상분은 연 5% 이하로 제한된다.

대신 사업자에게는 소득세·법인세, 재산세, 양도소득세 등의 세제감면 인센티브가 주어지며, 국민주택기금을 통해 저리의 주택 매입·개량 자금을 지원 받을 수 있다.

매입자금은 연 2.7%의 금리로 수도권 주택은 1억 5,000만 원, 비수도권은 7,500만 원까지 지원된다. 개량자금은 전용 $60m^2$ 이하는 1,800만 원, $85m^2$ 이하는 2,500만 원 한도 내에서 빌릴 수 있다.

재산세 및 소득·법인세 감면 확대

정부의 '임대주택 활성화 정책'에 따라 준공공임대사업의 세제지원의 폭이 넓어진다.

우선 재산세 감면율이 늘어난다. 40~60㎡ 주택은 기존 50%에서 75%까지 면제되고, 60~85㎡ 주택은 25%에서 50%로 확대된다. 소득·법인세는 85㎡ 이하의 경우 기존 20%에서 30%까지 감면된다. 또한 향후 3년간 85㎡ 이하 주택을 새로 구입한 뒤 준공공임대주택으로 활용하면 임대 기간에 발생한 양도소득세가 전액 면제된다. 다만 임대의무기간인 10년을 채우고 집을 매매하는 경우에만 양도세 면제 혜택이 적용된다.

업계에서는 임대사업자가 신규 아파트를 공급받아 준공공임대사업을 할 수 있는 환경이 마련됐다는 반응이 대체적이다.

이러한 재산세와 소득·법인세는 물론 양도소득세 등을 추가 감면하기로 하면서 사업 환경이 보다 개선되는 효과가 있을 것으로 예상된다. 이 외에도 정부는 다가구 주택을 등록 대상으로 확대하는 정책을 추진했다. 이에 따라 많은 무주택서민이 거주하는 다가구주택이 전용 면적 85㎡ 초과로 인해 준공공임대주택으로 등록하기 어려웠던 문제가 해소될 전망이다.

부동산 리츠 통해 임대주택 공급 계획

정부는 부동산투자회사(리츠)를 활용한 임대주택도 공급했다. 부동산 대책 중 '준공공임대주택에 대한 세제 및 금융지원을 통해 민간 임대사업을 활성화하겠다'는 계획이 공개됐다. 우선 리츠를 통해 총 8만 가구에 달하는 임대주택이 공급됐다. 이 중 5만 가구는 공공임대 리츠를 통해 공급된다. 공공임대주택리츠는 임대료 수준이 시세에 비해 매우 저렴한 국민임대·영구임대 등 장기공공임대주택의 공급 확대를 위해 매우 필요하다.

준공공임대정책과 다가구

준공공임대정책의 일환으로 다가구주택의 경우 전용면적 $85m^2$를 초과하는 경우에도 준공공임대주택으로 등록할 수 있게 된다. 현행에서는 예외없이 전용면적 $85m^2$ 이하 주택만 등록 가능하지만 개선된 건축법 시행령 발표에 따라 다가구주택은 면적 제한 없이 등록 가능하게 된 것이다.

이에 따라 많은 무주택 서민이 거주하는 다가구주택이 전용면적 $85m^2$ 초과로 인해 준공공임대주택으로 등록하기 어려웠던 문제는 해소됐다. 또한 민간 임대사업자의 준공공임대주택 등록을 지원하기 위한 국민주택기금의 매입자금 융자한도를 실질적으로 확대한다. 즉, 임대 사업자의 부도 등의 우려로 주택의 담보가치를 보수적으로 평가하였던 것을 감정평가방식으로 전환하는 것이다.

이에 대해 국토교통부 관계자도 담보평가로 인해 지원한도액까지 융자 받을 수 없는 사례가 줄어 준공공임대주택 매입·등록이 활성화된다고 강조한다. 특히 '주택공급에 관한 규칙' 개정으로 허용된 임대사업자에 대한 우선 분양과 맞물려 준공공임대주택 등록이 늘어날 것으로 기대된다. 준공공임대정책에 따른 다가구에 주목할 필요가 있다.

다주택 은퇴설계는
임대사업이 유리

다주택자는 언제나 나오기 마련이다. 이에 정부에서는 임대사업자 등록으로 유도, 임대사업 활성화 정책을 많이 내놓고 있다.

실제로 2017년 임대주택 등록 활성화 방안이 발표된 이후 임대사업자로 등록한 사람이 크게 늘어났다. 국토교통부에 따르면 '2018년 1월 9,313명이 임대사업자로 신규 등록했다'고 밝혔다. 이는 2017년 1월(3,799명)의 2.5배 수준이다.

2018년 1월 임대주택사업자 등록 현황을 보면 서울이 3,608명으로 가장 많고, 다음으로 경기(2,867명), 부산(600명), 인천(384명) 등이 뒤를 이었다. 서울과 경기도 등 수도권에서 등록한 비율이 전체의 69.5%를 차지했다. 은퇴설계에서 임대사업을 주목해야 하는 이유가 여기에 있다.

주택임대사업자 등록의 장점

그럼 주택임대사업자로 등록하면 어떤 장점이 주어지는지를 살펴보자. 첫째, 임대주택으로 등록한 집 외에 본인이 거주한 주택을 양도할 때 1주택 비과세를 받을 수 있다. 이때 2년 이상 보유하고 2년 이상 거주한 집 이어야 한다. 또한 임대주택의 임대 개시일에 주택 공시가격이 6억 원(수도권 밖은 3억 원) 이하여야 한다. 임대 개시일에 6억 원(3억 원) 이하이면 이후에 가격이 상승해도 무방하다. 다만 5년(2018. 4. 1 이후 등록하는 경우 8년) 이상 의무적으로 임대해야 한다.

두 번째는 임대주택에 대한 양도세 100% 감면이다. 준공공임대주택으로 등록해서 10년 이상 임대한 경우 양도소득세를 100% 감면 받는다. 가격에는 제한이 없지만 전용면적 $85m^2$를 넘는 경우 감면을 받을 수 없다. 그리고 임대기간 동안에는 연 5% 이상 임대료를 인상할 수 없다.

세 번째 장점은 양도세 과세특례이다. 준공공임대주택으로 8년 이상 임대할 경우 최대 70%의 장기보유특별공제를 받을 수 있다. 다만 전용 면적 $85m^2$를 넘는 경우에는 혜택을 받을 수 없다.

네 번째는 장기보유특별공제율 과세특례이다. 일반 주택임대사업자로 6년 이상 임대한 경우 최대 40%의 장기보유특별공제를 받을 수 있다. 이 특례는 준공공임대주택과는 달리 거주자뿐 아니라 비거주자도 적용 받을 수 있다.

주택임대사업자로 등록하면 이와 같은 장점이 주어진다. 주의할 점은 임대주택의 종류에 따라 등록할 수 있는 면적과 금액도 달라진다는 점이다. 따라서 내가 보유한 주택에 따라 임대주택의 조건과 등록 기한, 임대료 인상 제한 등을 주의 깊게 살필 필요가 있다.

늘어나는 공실에 대책 필요

임대주택사업에도 요령이 필요하다. 늘어나는 공실은 절대 주의가 요망된다. 공실이 화두인 세상에는 임차인에 대한 새로운 관점이 절실하다. 필자는 '사랑이 있는 임대주택'이라는 문구를 좋아한다. 임대인이 입주자에게 애착이 생길 수 있는 임대를 제공할 수 있다면 거기에는 자연스럽게 사랑이 싹틀 수 있다. 로댕은 '사랑의 힘은 모든 것을 창조했다. 예술을, 또한 종교를, 이것은 세계의 축(軸)이다'라고 말한 바 있다. 사랑의 힘을 강조한 말이다.

필자는 과거에 건물 임차를 한 적이 있다. 임대인은 명절이 되면 가끔 선물을 주곤 했다. 당시에는 잘 이해가 되지 않았다. 임차인이 임대인을 더 챙겨야 하는 것이 아닌가 했는데 지금 생각해보면 당시 임대인은 인간적인 정이 깊고, 임차인을 세심하게 관리하는 차원이 아니었을까 추측해 본다. 늘어나는 공실의 시대에 임대사업자도 이러한 처세가 중요하다.

임대사업에도 필요한 매니지먼트

영어로 매니지먼트는 관리의 의미가 있지만 부동산 임대에서 매니지먼트라고 하면 경영의 의미가 강하다. 임대차 관리 시에 임대료가 하락하고 공실 기간이 장기화된다면 임대인의 이익은 감소하게 된다. 이때 그 원인이 무엇이고 어떻게 대책을 마련해야 하는지를 연구하는 것이 임대 매니지먼트이다.

일본에서 나온 「만약 고교야구의 여자 매니저가 드러커의 '매니지먼트' 를 읽는다면」이라는 다소 긴 제목의 소설이 있다. 주인공인 공립고교 야구부 매니저 미나미가 우연히 드러커 경영서 '매니지먼트'를 만나 드러커의 경영학으로 야구부를 단련시킨다. 미나미와 야구단은 일본 고시엔을 목표 로 다양한 매니지먼트를 통해 발전을 이룬다는 내용인데, 누적 판매부수 270만 부를 기록했다고 한다. 고교 야구단도 변화시키는 것이 매니지먼트의 힘이다. 임대관리에도 매니지먼트가 필요한 이유이다. 특히나 다주택을 갖고 있는 여건이라면 임차인을 대상으로 한 매니지먼트가 필요한 시대이다.

SECTION 10

역세권 땅투자로
은퇴를 대비하라

대한민국에서 1평 땅의 부가가치는 무엇일까? 서울 명동 1평과 충청도 단양군 어상천면에 위치한 1평 땅의 가격 차이는 비교할 수가 없을 정도다. 그렇다면 같은 1평 땅이라면 보다 더 부가가치가 높은 땅에 투자하는 것은 인지상정 아니겠는가.

이에 역세권 땅투자를 제안한다. 땅투자라면 손사래를 치는 사람들이 있다. 일단 큰 돈이 드는 것이 아니냐는 것. 하지만 3천만 원 정도의 금액이면 충분하다.

광역도시계획과 함께하는 역세권 땅투자

땅투자가 모두 투자가치가 있는 것은 아니다. 어느 땅을 사는가가 땅투자의 성패를 좌우한다. 특히 역세권 땅투자는 부가가치가 높은 투자방법이다. 역세권은 지하철역이나 전철역, 기차역을 반경으로 접근성이 뛰어난 지역으로, 역 주변 지역을 가리킨다. 역세권은 상권이 좋아 최고의 투자처로 꼽을 수 있다.

전국 곳곳에는 철도역이 새로 들어서거나 확장하는 곳 주변으로 도시개발을 함께 추진한다. 이른바 국가철도망 구축계획이다. 이 계획 아래에서 땅값이 요동친다. 만일 2004년 경 「2020 수도권 광역도시계획」에 따른 철도역 인근에 땅을 구입했다고 가정해 보자. 당시와 현재 땅값은 천지차이가 난다. 만약 해당 지역이 상업지역으로 용도변경이라도 난다면 그 땅값은 아주 높게 매겨지게 된다. 역세권 땅투자의 매력이 아닐 수 없다.

장기투자 염두에 둔 소액투자 가능

땅투자에 억대의 돈만이 가능하다고 보는 것은 선입견이다. 약 3천만 원의 금액으로도 투자할 수 있다. 보통 집을 짓고 사려고 땅투자에 나서는 것이 아니다. 투자가 목적이라면 꼭 필지 단위로 사지 않아도 된다. 땅을 사고자 한다면 지분만큼 투자하라. 친구 또는 지인들과 공동투자에 나서면 큰 돈을 들일 필요가 없다. 땅투자는 단기 투자가 아니라 짧게는 3~5년에서 길게는 7~10년을 봐야 하기 때문에 소액투자가 더 맞을 수 있다.

용도지역을 주목해라

땅투자는 용도변경이란 단어를 눈여겨보아야 한다. 용도변경이란 '건축법'에 의해 구분 적용된 건축물의 용도를 타 용도로 변경하는 행위를 말 한다. 만일 농촌의 관리지역이 도시지역으로 편입된다면 땅값에는 어떤 변화가 일어날까? 도시지역에 편입된다면 녹지가 아닌 한 용적률 한도가 높아져 건물을 크게 지을 수 있고, 개발도 쉬워 땅값이 오른다.

한 사례를 살펴보자. 서울의 한 중학교에 근무하는 K 교사는 1990년대 부동산업을 하는 이모부로부터 경기도 용인 땅을 사두면 나중에 큰 돈이 될 것이라는 권유를 받았다. K 교사는 이모부와 함께 용인 현장을 방문했는데, 그 땅은 관리지역으로 3,000만 원에 나온 2천 m^2짜리 2필지였다. 평당 6~7만 원에 불과했다. 하지만 K 교사는 땅에 대한 확신이 안 들고 장기투자라는 말에 땅 매매를 포기했다. 그런데 1년이 지나자 K 교사에게는 심기가 불편한 이야기가 들려왔다. 이 땅이 1년 정도가 지나자 9배나 올랐다는 것. 현재 그 땅은 평당 400만 원에 육박한다. 그 원인은 관리지역이었던 그 땅이 도시지역으로 편입됐기 때문이다. 그만큼 용도변경은 황금알을 낳을 수 있는데, 그 땅이 역세권일 경우 로또에 버금갈 수 있다.

정보에 귀 기울여서 전략을 세우자

역세권은 하루아침에 이루어지지 않는다. 역세권을 만들기 위해서는 철도의 노선계획이 필요하고, 역이 세워져야 한다. 또한 역 주변으로 많은 개발이 이뤄져야 한다. 핫한 역세권은 우연이라기보다는 태생적으로 정해진 운명도 있다. 이러한 변화를 읽는 통찰력이 중요하다. 이는 디지털 정보 에서 쏟아지는 부동산 개발과 관련한 콘텐츠를 분석해 내는 능력이 뒷받침돼야 한다. 역세권 땅투자에 도전하는 사람이라면 각종 온오프라인상의 콘텐츠에 머물러서는 안 된다. 직접 국토교통부, 지자체 등 정부기관 홈페이지에 접촉해 확정·고시된 내용을 확인해야 한다. 또한 직접 현장을 방문해 하나씩 꼼꼼하게 살펴보는 과정도 필요하다.

투기지구·투기과열지구·조정대상 지역에 따른 대응전략

문재인 정부가 들어서면서 부동산 규제 정책이 등장했다. 일명 「8·2 부동산 대책」은 지역별로 부동산 시장이 과열된 곳을 집중적인 규제로 대처하는 것이다. 이번 8·2 대책의 핵심은 단계별로 규제정책을 편다는 것. 조정대상지역이 1단계라면, 투기과열지구는 2단계, 투기지역은 3단계의 강도로 규제책을 편다. 각 단계에서는 등급별로 세금도 물리고, 규제도 넣고, 대출도 더 엄격하게 관리된다. 서울의 경우 전체 구가 투기과열지구로 지정됐다. 또한 세종시와 과천시, 성남 분당구가 투기과열지구로 지정되었다.

조정대상지역

서울 전 지역(25개 구)과 경기 7개 도시(고양, 과천, 광명, 남양주, 성남, 동탄2, 하남)와 부산 7개 구(해운대, 연제, 동래, 수영, 남, 기장, 부산진) 등이 조정 대상지역에 포함됐다. 조정대상지역이란 주택가격 상승률이 물가 상승률의 2배 이상이거나 청약경쟁률이 5 대 1 이상인 지역 등을 말한다. 분양권 전매 제한, 1순위 청약 자격 강화 등의 규제를 받는다.

투기과열지구

서울 전 지역(25개 구)과 과천시, 성남 분당구, 세종시, 대구시 수성구 등이 포함됐다. 주택법 제63조에 따라 건설교통부장관 또는 시장·도지사가 주택가격의 안정을 위하여 필요한 경우에 지정하는 지역을 말한다. 이에 따르면 주택가격 상승률이 물가 상승률보다 현저히 높아 주택에 대한 투기가 우려되는 경우에 그 지역의 청약경쟁률·주택가격·주택보급률·주택공급계획 등을 고려해 지정하도록 한다. 투기과열지구는 청약 1순위 자격이 제한되고, 35세 이상의 5년 이상 무주택 세대주에게 우선 공급되며, 주상복합건물 가운데 주택 또는 오피스텔 입주자 공개모집 등이 제한된다.

투기지역

서울의 11개 구(강남, 강동, 강서, 노원, 마포, 서초, 성동, 송파, 양천, 영등포, 용산)와 세종시가 투기지역으로 포함됐다. 투기지역은 집값 또는 토지가격이 급등하는 지역의 양도소득세를 기준시가 대신 실거래가액으로 부과하기 위해 기획재정부 장관이 지정한다.

투기지역으로 묶여 지정되면 주택 유형이나 대출금액 등에 상관없이 주택담보대출비율(LTV)과 총부채상환비율(DTI)이 40%로 내려간다. 정부가 투기 수요 주범으로 지목한 다주택자에 대한 규제의 경우 주택담보대출을 1건 이상 보유한 세대원이 추가 대출을 받으려면 LTV·DTI 비율이 10%씩 낮아진다. 또 2주택자가 청약조정지역에서 집을 팔 때 양도세율은 10% 높아지고, 3주택자의 경우 20% 추가 과세된다. 청약조정지역 내 1세대 1주택자 양도세 비과세 요건도 보유 2년에서 실거주 2년으로 강화되고, 청약통장 가입 후 2년이 지나야 청약 1순위 자격을 얻게 된다. 무주택기간, 부양가족수 등을 점수로 매겨 점수가 높은 사람을 입주자로 선정하는 청약가점제도 무주택 실수요자에게 더 우선권을 주는 식으로 바뀐다. 투기지역으로 지정되면 거래 가격을 실거래가로 신고해야 한다.

구분	조정대상지역	투기과열지	투기지역
서울	전지역(25개 '구')	전지역(25개 '구')	11개 '구'(강남, 강동, 강서, 노원, 마포, 서초, 성동, 송파, 양천, 영등포, 용산)
경기	경기 7개 '시'(고양, 과천, 광명, 남양주, 성남, 동탄2, 하남)	과천시 성남시 분당구	
기타	부산 7개 '구'(해운대, 연제, 동래, 수영, 남, 기장, 부산진) 세종시	세종시 대구시 수정구	세종시

정부의 부동산 규제정책에 따른 대응전략

다주택은 피해야 한다. 중장기적으로 도심 업무시설이 많은 곳 위주의 똘똘한 주택 한 채를 보유하는 것도 한 방법이다. 실수요용 주택이 아닌 대출이 많은 주택, 양도세 등 세금이 많이 늘어나는 지역에 보유한 주택, 유동성이 부족한 갭 투자 물건 등은 자신의 부동산 포트폴리오에서 제외시킬 필요성이 있다.

외곽지역에 위치한 수익형 부동산의 경우도 임대수익이 갈수록 떨어지거나 미래 투자가치가 불투명하면 가급적 빠른 시일 내에 처분하는 게 바람직하다. 양도세 부담을 덜기 위해 부부간 증여도 고려해 볼 만하다. 증여 당시의 부동산 가격이 곧 취득가격으로 인정받아 일정 기간 이후 부동산을 팔았을 때 매매차익이 줄어들어 양도세 부담도 줄어드는 장점이 있다. 향후 투자가치가 없는 집은 전세가격이 하락할 가능성이 있다. 이는 곧 전·월세 수요가 점점 없어져 이자 내기도 벅찬 집이다.

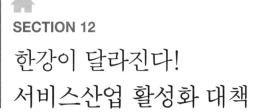

한강이 달라진다!
서비스산업 활성화 대책

세계적인 도시에 가본 적이 있는가? 런던의 템즈강, 뉴욕의 허드슨 강 등 해외 유명 도시를 방문하면, 도심 속 아름다운 수변에 감탄하게 된다. 물길을 가로지르며 한 바퀴 도는 유람선, 도시가 한눈에 들어오는 테라스형 카페…. 이러한 수상관광은 매년 성장세를 기록하고 있는 세계 관광산업 중 하나라 볼 수 있다.

서울에도 유수한 세계 도시의 강 못지않은 한강이 있다. 2010년대부터 '유망 서비스산업 육성 중심의 투자활성화 대책'을 토대로 한강변 개발은 지속되고 있다. 그리하여 2020년 이후에 여의도 한강공원 일대(마포대교~원효대교)는 수상교통, 레저스포츠, 라이프스타일, 관광·문화, 휴식이 어우러진 수변거점공간으로 거듭날 것이다.

유람선부터 수상택시, 개인요트까지 공공·민간 선박의 입출항을 종합 관리하는 서울시 최초의 통합선착장(여의나루)이 들어선다. 상부 전망대에서는 한강의 아름다운 경관을 한눈에 조망할 수 있고, 한강변(여의정)과 윤중로변(여의마루)은 식당, 카페, 상점이 있는 거리로 변신한다. 또, 한강을 배경으로 한 복합문화시설(아리문화센터)도 새로 선보인다. 이러한 내용은 서울시가 발표한 여의문화나루 기본계획안에서 확인할 수 있다.

30년 만의 한강변 개발로 외국인 관광객 유치

한강과 주변 지역을 적극 개발해 관광·휴양 명소를 만들기로 하고 서울시와 국토교통부, 문화체육관광부가 마스터플랜을 짰는데, 한강 개발은 1982년 추진한 '한강종합개발계획' 이후 30여 년만이라 눈길을 끈다. 당시 88 서울올림픽을 앞두고 유람선 도입, 공원조성 등 4년간 진행된 한강 개발로 시민들의 여가공원이 늘어나고 사업 직후 수질이 개선됐다. 하지만 이후 한강변 교통량 폭주로 인한 교통체증, 수질 오염 등 부작용도 만만치 않았다.

정부는 수도 서울을 가로지르는 한강의 잠재력을 최대한 활용, 외국인들에게 볼거리·즐길거리·먹을거리를 복합적으로 제공하는 관광명소를 만들겠다는 입장이다.

이를 위해 관련 규제를 대폭 손질하고 쇼핑시설, 다양한 형태의 유람선 등을 도입하는 게 골자다. 이는 파리 세느강, 런던 템즈강이 고급 유람선과 수상 운송수단, 강변의 멋진 풍경으로 관광객들의 필수코스로 자리잡은 것과 달리, 한강은 2013년 기준 전체 해외관광객의 10.8%만 찾고 있어 관광자원화가 시급하다는 판단 때문이다. 정부는 이에 서울시와 함께 한강과 주변지역 활용에 대한 마스터플랜을 구상하고 있다.

또한 소형선박을 활용한 레스토랑, 장거리 유람선 등 다양한 형태의 선박이 나타날 수 있게 유람선 경쟁체제를 도입하고, 현재 레스토랑·커피숍·편의점 정도인 선착장 부대시설의 사업범위를 쇼핑·문화시설로 대폭 확대하겠다는 것이다. 지하통로와 육교(오버브릿지)를 확충해 접근성을 높이고 관광객들의 편의를 위해 주말 셔틀버스 등 교통수단도 늘릴 계획이다. 정부는 30년 만의 한강 개발이 대규모 투자와 일자리 창출을 유발하고, 한강과 주변지를 핵심 관광지로 발전시켜 국내외 관광객을 대거 유치할 것으로 기대한다.

지은이 **황태연**

㈜더리치에셋 대표와 ㈜밸류자산관리 이사로 재직중이다. 부동산 특강 전문강사로 500회 이상 부동산 전망 및 은퇴준비 세미나를 개최했다. 건축, 시행, 개발 전문가로서 고객들의 투자를 도와주는 컨설턴트이기도 하다. 부동산 전문 방송인으로 SBS CNBC TV '고민타파 부동산 해결사들', 한국경제 TV '부동산 재테크 NOW', '성공예감 부동산재테크', 이데일리 TV '부동산연구소', '부동산 따라잡기', RTN 부동산경제 TV '부동산고민 무엇이든 물어보세요', '매물와이드', MTN TV '부동산가이드', 그 외 MBN, 서울경제 TV, 토마토 TV 부동산 방송 등 다수 프로그램에 출연중이다. 또한 다수 매체에 부동산 관련 칼럼을 게재하고 있는 칼럼니스트이자 부동산 저술가이다.

100세 시대 부동산 은퇴설계

초판 1쇄 인쇄 2018년 10월 12일 | **초판 1쇄 발행** 2018년 10월 19일
지은이 황태연 | **펴낸이** 김시열
펴낸곳 도서출판 자유문고

(02832) 서울시 성북구 동소문로 67-1 성심빌딩 3층

전화 (02) 2637-8988 | 팩스 (02) 2676-9759

ISBN 978-89-7030-133-4 03320 값 17,000원

http://cafe.daum.net/jayumungo (도서출판 자유문고)